hte

Zeitschrift für Ideengeschichte
Heft XIX/4 Winter 2025

Weltmacht DDR

Herausgegeben von
Christian Neumeier &
Danilo Scholz

Deutsches Literaturarchiv Marbach
Klassik Stiftung Weimar
Herzog August Bibliothek Wolfenbüttel
Wissenschaftskolleg zu Berlin
Stiftung Preußischer Kulturbesitz Berlin
Kunsthistorisches Institut in Florenz – MPI
Leibniz-Zentrum für Literatur- und Kulturforschung

Redaktionsadresse:
Zeitschrift für Ideengeschichte
Wissenschaftskolleg zu Berlin
Wallotstraße 19
14193 Berlin

www.z-i-g.de
www.chbeck.de

Die Zeitschrift für Ideengeschichte erscheint viermal jährlich und ist auch im Abonnement erhältlich.

Bezugspreis:
Einzelheft: € 20,00 [D]; € 20,60 [A];
zzgl. Vertriebsgebühren von € 1,55 (Inland); Porto (Ausland)
als E-Book: € 12,99
Jährlich: € 64,00
inkl. Vertriebsgebühren (Inland); zzgl. € 30,00 (Ausland)
Sonderpreis: € 52,00
inkl. Vertriebsgebühren (Inland); zzgl. € 30,00 (Ausland)
Der Sonderpreis gilt für Mitglieder der mit den Herausgeber-Institutionen und ihren Museen, Archiven, Bibliotheken und Instituten verbundenen Vereine gemäß der Liste auf www.z-i-g.de, für Mitglieder des Verbands der Historiker und Historikerinnen Deutschlands e.V. und des Verbands der Geschichtslehrer Deutschlands e.V. sowie für Mitglieder des Deutschen Germanistenverbands (DGV).

Abo-Service:
Telefon (089) 38189-750 • Fax (089) 38189-402
E-Mail: Kundenservice@beck.de

Gestaltung:
vsp-komm.de

Layout und Herstellung:
Simone Decker

Druck und Bindung:
Beltz Grafische Betriebe GmbH, Bad Langensalza

ISSN 1863-8937 • Postvertriebsnummer 74142
ISBN gedruckte Ausgabe 978-3-406-83112-6
ISBN E-Book-Ausgabe 978-3-406-83116-4

Bezugspreise 2026
Die Bezugspreise (einschließlich MwSt.) betragen ab 1. Januar 2026: Einzelheft: € 22,00 [D] ▪ als E-Book: € 13,99 ▪ Jährlich: € 68,00 (inkl. Vertriebsgebühren Inland) ▪ Sonderpreis: € 56,00 (inkl. Vertriebsgebühren Inland)

Im nächsten Heft: Butler Trouble. Mit Beiträgen von Patrick Bahners, Diedrich Diederichsen, Petra Gehring, Dieter Thomä und weiteren.

Zum Thema

Mehr als dreißig Jahre nach ihrem Untergang steht die DDR im Zenit ihrer Macht. Die eigentümliche Form posthumer Geschichtsmacht, die dem Obrigkeitsstaat Ost zugesprochen wird, gleicht einer Saat, der vier Jahrzehnte Unfreiheit und Unterdrückung den Boden bereitet haben und die nach der Wiedervereinigung in den vielbeschworenen Köpfen der Menschen aufgegangen ist: Seit 1990 hat der autoritäre Charakter seinen Hauptwohnsitz nur noch in den neuen Bundesländern.

Zweimal war die deutsche Gesellschaft mit der Aufgabe konfrontiert, die Trümmer eines politischen Regimes beiseitezuräumen. Unterschiedlicher konnten die Wege, für die sie sich entschied, kaum sein. Die Völkermörder ließ sie laufen und reihte sie still wieder ein, so dass diejenigen, die über die Ursprünge der Menschheitsverbrechen schrieben, von denen lektoriert wurden, die sie begangen hatten. Beim zweiten Mal wollte die Bundesrepublik es gründlich besser machen. Über die Mauerschützen saß sie im Namen der Gerechtigkeit zu Gericht, die Funktionseliten schickte sie in den Ruhestand der Selbstverbitterung, an die Stelle des staatlich sanktionierten Vergessens traten die bürokratisch kuratierten Akten der Verfolger, die zu Beweisen der Verfolgten wurden. Nachdem die Apparate gesäubert, die Revolutionäre von einst zu Archivdirektoren geworden waren und an keinem Provinztheater mehr die alten Träume fortgeträumt werden durften, stellte sich allerdings die Frage, was blieb außer Gedenkstätten und verkitschten Erinnerungen, außer dem Triumphgeheul der vermeintlichen Sieger und der Larmoyanz der angeblich Besiegten.

Die älteren Meistererzählungen der bundesrepublikanischen Historiographie kennen die DDR entweder nur als Nebenschauplatz oder als lehrreiches Exempel des provinziellen Scheiterns einer Diktatur. Auch die *Zeitschrift für Ideengeschichte* hat – von Bielefeld bis Gummersbach – lieber jeden Stein der westdeutschen Provinz zweimal umgedreht, als den Blick nach Osten schweifen zu lassen. Die vorliegende Ausgabe soll hier Abhilfe schaffen – ohne Apologie und Schönfärberei, aber auch ohne nachgeholten antitotalitären Furor, sondern mit einer Vielstimmigkeit, die sich nicht auf einen geschichtspolitischen Nenner bringen lässt.

Natürlich wissen wir heute, dass der zur Schau gestellte Internationalismus der DDR angestrengte Fassade war. Nichtsdestotrotz kann man hinter den Kulissen der Parteitage sehr wohl auf aufschlussreiche grenzüberschreitende Verflechtungen und überraschende Verbindungen zwischen Personen, Gedanken und Regionen stoßen, die es zu entdecken lohnt. Die Solidarität mit der sogenannten Dritten Welt war eben nicht nur ein von der Partei verordnetes Lippenbekenntnis: Die DDR verstand sich als Mentor und Modell für jene Staaten in Afrika, die sich aus den Fesseln des Kolonialismus befreit hatten – eine Mission, an der sich die notorisch klamme, von paternalistischen Anwandlungen geplagte SED-Regierung freilich regelmäßig verhob. Doch noch im Zusammenbruch konnte sich die DDR-Führung auf alte Seilschaften aus antiimperialistischen Kampftagen verlassen. In den Hinterzimmern von Santiago und Moskau setzte man alle Hebel in Bewegung, damit Erich Honecker ungestraft einem Lebensabend in der Sicherheit des chilenischen Exils entgegensehen konnte.

Man kann und soll die geistige Enge dieses Regimes nicht posthum aufbrechen, aber bisweilen bewirkt ein größeres Bewusstsein für den kleinen Grenzverkehr – vom *international style* der Platte bis zur Westbindung der Krippe – eine Rochade in der überkommenen Wahrnehmung.

Der Mauerfall stellte einen weltgeschichtlichen Einschnitt dar, der nicht zuletzt in der englischsprachigen Welt zum Schlüsselerlebnis einer Kohorte von *pundits* wurde, die sich selbst mit Fug und Recht als Deutungselite bezeichnen würde. Diese Generation der 89er prägte ein Geschichtsbild, das bis heute in breite gesellschaftliche Bereiche ausstrahlt. Eine erste vorläufige Bilanz ihres Wirkens geht der Frage nach, inwiefern sie bei ihrem Versuch, die Zeichen der Zeit zu deuten, zur Verkennung der Lage beitrugen.

Christian Neumeier
Danilo Scholz

Peter Richter

Die Quadratur der Platte

Bau und Gegenbau in der DDR

Honeckers Tribüne stand auf der Karl-Marx-Allee, Bauabschnitt II. Wenn sich am Ersten Mai der Demonstrationszug hier an der versammelten Partei- und Staatsführung der DDR vorbeischob, wurde diese von weißen Wohnriegeln aus den Sechzigerjahren gerahmt. Aus dem richtigen Blickwinkel erschien dann der Staatsratsvorsitzende wie auf weißem Passepartout *(Abb. 1)*. Es handelte sich um Plattenbauten der Bauart *QP*. Die quer *(Q)* montierten Platten *(P)* waren hier die lasttragenden, was eine hohe Geschosszahl ermöglichte. Die Fassadenplatten zeigen das hygienisch glatte Weiß von Badezimmerkacheln, und in ihrer Form sind diese Häuser kompromisslose Quader, eines wie das andere, eine serielle Reihung absolut gleichförmiger Körper. Es ist eine ästhetische Inszenierung, die man in jenen Jahren so kompromisslos sonst nur in amerikanischer *Minimal Art* findet, besonders bei Donald Judd *(Abb. 2)*. Auch das einzige Element, das aus der reinen Form des Quaders heraussticht, jeweils zwei vertikale Reihen von schubladenartig davorgehängten Balkons, gleicht typischen Wandarbeiten Judds aus den 1960ern.

Dass die ehemalige Stalinallee, die in ihrem ersten Bauabschnitt noch als sowjetische Kolonialarchitektur wahrgenommen wurde, zum Alexanderplatz hin auf einmal etwas von amerikanischer Hochmoderne hat, sticht selbst da ins Auge, wo dieser zweite Bauabschnitt eigentlich als Idealform für die egalitären gesellschaftspolitischen Zielvorstellungen des Sozialismus

Abb. 1
Der große Vorsitzende auf weißem Passepartout – Parade am 1. Mai 1989 auf der Karl-Marx-Allee, Bauabschnitt II, Ostberlin.

beschrieben wird. «Dem physischen Befreiungsgefühl korrespondierte ein visuelles», schrieb Wolfgang Engler 1999 in *Die Ostdeutschen – Kunde von einem verlorenen Land* über die neuen, kühl und locker ins Abstandsgrün gestellten Scheibenhochhäuser:

«Hier war die Schlichtheit gediegen, Reduktion nicht Armut, sondern Zugewinn an Klarheit. Die Häuser strotzten gleichsam vor Bescheidenheit, sprachen den reinsten Dialekt der neuen Sprache. Sie glichen einander bis ins kleinste Detail. Wenn es überhaupt eine besondere Bewandtnis mit ihnen hatte, dann war es die der Lage, der Stelle, die sie in dem sich entwickelnden Ensemble einnahmen. Jede Erweiterung der Anlage, jeder hinzukommende Bau veränderte diese Stellung und damit den Restcharakter, den sie noch besaßen. [...] Sie schienen ihres Wesens, ihrer Stellung in der Welt so sicher, daß sie sie nicht eigens durch Ornamente betonen [...] mußten. Wirkliche Persönlichkeit, so lautete ihre Botschaft, bekundet sich nicht dekorativ, sondern kombinatorisch.»[1]

Ersetzt man «Häuser» durch das abstraktere «Objekte», ähnelt diese Beschreibung den Schilderungen, die man in Handbüchern über *Minimal Art* im Westen lesen kann.[2]

War das Kontingenz oder Konsequenz? Und, solche Fragen kommen manchmal als Stabreim daher, hieß das dann nicht Konvergenz statt Konkurrenz in der Konfrontation der Systeme? Dass solche Ähnlichkeiten zu vermeintlich genuin Westlichem

1 Wolfgang Engler: Die Ostdeutschen. Kunde von einem verlorenen Land, Berlin 1999, S. 59.

2 Etwa in den Schriften von Donald Judd. Vgl. auch Gregor Stemmrich (Hg.): Minimal Art. Eine kritische Retrospektive, Dresden 1995.

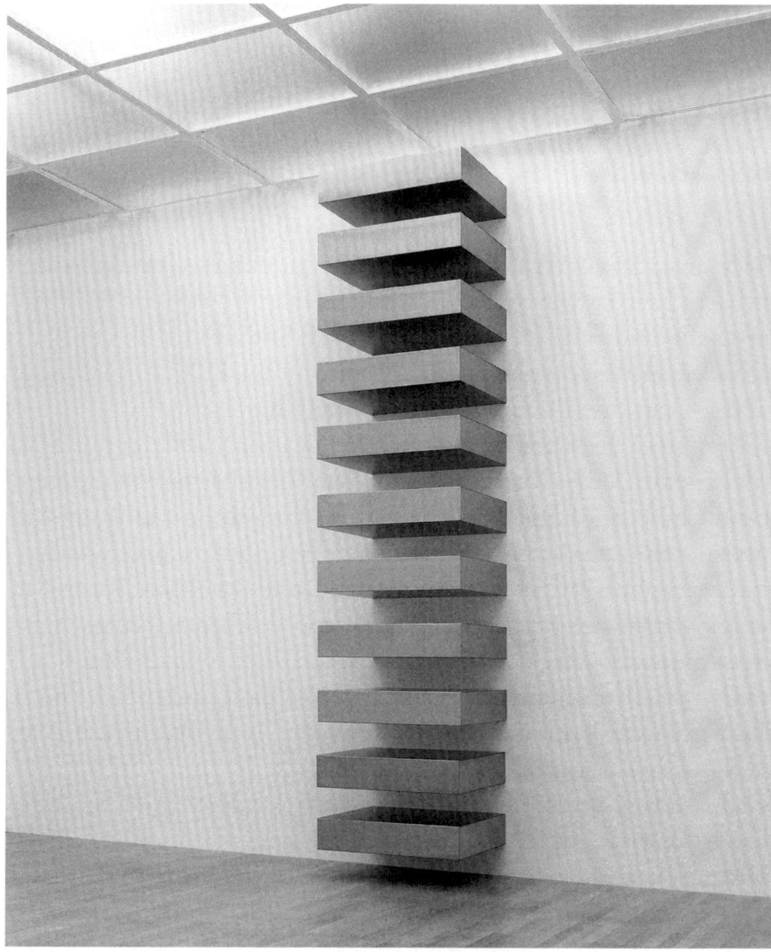

Abb. 2
Minimal Art grüßt Plattenbau (QP) – Donald Judd, Untitled, 1968, rostfreier Stahl, 22,9 cm (Höhe), 101,6 cm (Breite), 78,7 cm (Tiefe).

während der Entstehungszeit schon auffielen, ist aktenkundig. Dass sie baupolitische Legitimationsprobleme aufwarfen, liegt auf der Hand. Offensichtlich wurden sie in Kauf genommen, um intern Paradigmenwechsel voranzutreiben. Denn Bauabschnitt I der Stalinallee mag noch eine Reaktion auf Baugeschehen und Stadtplanungen des Westens gewesen sein. Bauabschnitt II aber war in erster Linie eine Reaktion auf Bauabschnitt I.

Ebenfalls bezeichnend ist, dass es ein marxistisch geschulter Philosoph und ethnologisch arbeitender Soziologe war, der deswegen vorschlug, die Geschichte der DDR anhand dieser Paradigmenwechsel als Architekturspaziergang zu erzählen. Wolfgang Engler führt gleich zu Beginn seines Buches über sein «verlorenes Land» aus, das sich «eine geraffte raumzeitliche Vorstellung der einander ablösenden Gesellschaftsvisionen des ostdeutschen Staatswesens» aus der schieren Anschauung dieses

Ostberliner Straßenzugs gewinnen lässt, der am Alexanderplatz um den futuristischen Gelenkapparat von Forum-Hotel, Kongresshalle und Fernsehturm herum nach Südwesten abbiegt, um dann wie ein eschatologischer Zeitstrahl des DDR-Sozialismus auf den Palast der Republik hinauszulaufen.

Wenn man diesen Parcours noch um die barockisierenden Plattenbauten in der Friedrichstadt aus den Achtzigerjahren ergänzt, kommt man am Ende wieder bei dem bemühten Traditionalismus an, mit dem die Geschichte im ersten Bauabschnitt der Stalinallee begonnen hat, nur diesmal im dialektischen Sprung in die Industrialisierung, der seinen symbolischen Mehrwert im Bauelement der dekorierten Platte fand. Deren selbstbewusst ornamentfreie Zurschaustellung im zweiten Bauabschnitt der Karl-Marx-Allee stellt auf diesem Schnellweg von der Prä- in die Postmoderne sozusagen die Phase klassischer Formenreinheit dar. Das historiografisch Praktische an diesem Blickwinkel ist, dass die Hauptstadt der DDR tatsächlich Repräsentationsaufgaben wahrnahm, indem das Baugeschehen der anderen Bezirke auf den einzelnen Abschnitten dieser Protokollstrecke wesentlich mit abgebildet wurde – einschließlich des Zerfalls der Altbausubstanz in den dahinterliegenden Quartieren.

Als Abfolge von politisch aufgeladenen Antithesen sollte sich die Baugeschichte der DDR sogar noch lange nach ihrem Ende darstellen. Das griffigste Begriffspaar dafür hat wiederum ein Kunsthistoriker zur Verfügung gestellt, dem es dabei um die DDR eigentlich gar nicht ging. Im Mai 1994 fand am Kunsthistorischen Seminar der Universität Hamburg ein Symposium des Graduiertenkollegs «Politische Ikonographie» statt, das den Titel «‹philosophia practica› – Architektur als politische Kultur» trug. Martin Warnke hielt ein kurzes Eröffnungsreferat unter dem Titel «Bau und Gegenbau», was natürlich zunächst einmal Warnkes eigene frühe Arbeit *Bau und Überbau* über die «Soziologie der mittelalterlichen Architektur» in Erinnerung rief. Architekturikonologie und politische Ikonografie begegneten sich hier nun auf einem neuen, konfliktträchtigeren Level. In «Bau und Gegenbau» befasste sich Warnke mit vergleichsweise modernen Antagonismen, etwa zwischen Adolf Loos' «Haus ohne Augenbrauen» am Michaelerplatz in Wien und der neobarocken

Hofburg-Erweiterung direkt gegenüber oder zwischen modernistischen Flachdach-Architekten und konservativen Spitzdach-Baumeistern im Berlin der Zwanzigerjahre.[3] Der kurze Vortrag verfolgte das Phänomen bis in die NS-Zeit, wo es besonders auffällig eingesetzt wurde. Dem Autor war allerdings Jahre später die Formel von Bau und Gegenbau auch bei der Beschäftigung mit industrialisierter DDR-Architektur hilfreich,[4] die bis dahin noch kaum kunsthistorischer Studien für wert befunden worden war, obwohl hier nun endlich großflächig umgesetzt werden sollte, was in den Experimentalsiedlungen der Flachdach-Avantgardisten der Zwanziger so oft noch an der Bodenfrage gescheitert war.

Allerdings erweiterten sich die Antagonismen auf diesem Gebiet um eine entscheidende Dimension: Was in der DDR gebaut wurde, wurde oft in Auseinandersetzung mit dem Westen gebaut, meistens aber auch in Konfrontation mit dem, was zuvor in der DDR gebaut worden war. Die Bauten, gegen die man da anbaute, waren ihrerseits bereits Gegenbauten von Bauten, zu denen man sich ebenfalls im Zustand ideologischer Gegnerschaft befand oder offiziell jedenfalls befinden sollte. Der technokratische DDR-Begriff «Komplexer Wohnungsbau» traf die sich immer neu formierenden architektonischen Antithesen unter diesen Umständen gleich in mehrfacher Hinsicht.

«Am Anfang war die Stalinallee», heißt es so biblisch wie sachlich treffend bei Wolfgang Engler, und zwar: am Anfang der DDR. Aber noch vor diesem Anfang gab es den Plan eines Kollektivs um Hans Scharoun, das verwüstete Berlin zu einer mit Autobahnen erschlossenen «Stadtlandschaft» entlang des Urstromtals der Spree fruchtbar zu machen. Mit ähnlich rabiater Planerfreude über die Tabula rasa der Kriegszerstörungen wurde zur gleichen Zeit auch anderswo in die Breite projektiert: Hans Hopp wollte 1946 immerhin gleich das ganze Dresdner Elbtal mit einer vergrößerten Version von Le Corbusiers *Plan Voisin* füllen. Nun waren in Ostberlin die ersten beiden Laubenganghäuser einer zukünftigen «Wohnzelle Friedrichshain» nach dem Scharoun'schen Plan bereits im Bau, als die SED auf ihrem III. Parteitag den «Kasernenstil» der Moderne wieder verdammte und in der eben erst gegründeten DDR schon der erste Kurswechsel be-

3 Martin Warnke: Bau und Gegenbau, in: Hermann Hipp/Ernst Seidl (Hg.): Architektur als politische Kultur. philosophia practica, Berlin 1996, S. 11–18.

4 Vgl. Peter Richter: Der Plattenbau als Krisengebiet. Die architektonische und politische Transformation industriell errichteter Wohngebäude aus der DDR am Beispiel der Stadt Leinefelde (Diss.), Hamburg 2006.

fohlen wurde – hin zu einer «Nationalen Bautradition», im Jargon kurz «Nati-Tradi».

Zwar hätten ausgerechnet Laubengänge – als überhistorische Reminiszenz sowohl an die deutsche Renaissance als auch an die Bauhaus-Phase unter dem Kommunisten Hannes Meyer und noch dazu als besonders gemeinschaftsorientierte Form der Bauwerkserschließung – eigentlich viel eher verdient, eine nationale Bautradition mit linkem Potential genannt zu werden, als ausgerechnet die barocken Säulen und Gesimse, die der DDR-Architektur unter diesem Begriff verordnet wurden. Aber diese Verordnung kam letztlich aus Moskau, von wo eine DDR-Delegation 1950 die Leitlinie der «16 Grundsätze des Städtebaus» mitbrachte wie Moses seine Gesetzestafeln. Da war einerseits wenig zu machen. Da aber andererseits die bereits errichteten Laubenganghäuser schlecht abgerissen werden konnten, blieben sie inmitten der Arbeiterpaläste mit ihren Säulen und Gesimsen einfach stehen – als überkommene Bauten, die ihre neuen Nachbarn als neue repräsentative Gegenbauten nur umso prachtvoller in Szene setzten. Und wenn in der DDR-Führung über die «großen Kästen» in der «volksfremden Bauweise des Formalismus» geschimpft wurde, ging es zwar in der Regel um westdeutsche Bauprojekte wie die Grindelhochhäuser in Hamburg. Aber die Laubenganghäuser an der Stalinallee in ihrem sozialdemokratischen Zwanzigerjahre-Reformgeist durften sich vorsichtshalber mit angezählt fühlen.[5]

Als personalökonomisch effizient erwies sich die Tatsache, dass die wesentlichen Architekten der Arbeiterpaläste auf der Stalinallee – Leute wie Hermann Henselmann und Richard Paulick – selbst aus der Tradition des Modernismus kamen und nach dem kurzen Backlash in den Barock nur auf den nächsten baupolitischen Umschwung warten mussten, um dann einfach mit dem weiterzumachen, was sie gelernt hatten. Dieser Umschwung kam nicht lange nach Stalins Tod durch Chruschtschow, der persönlich zur ökonomischeren Wohnraumversorgung auf die Industrialisierung des Bauens drang – also auf die Einsparung von Säulen wie Gesimsen und auf die Fortführung von Experimenten, die Ende der Zwanzigerjahre wesentlich von Deutschen vorangetrieben worden waren. Die Versuchssiedlun-

5 Die Zitate stammen von dem Baupolitiker und ZK-Mitglied Kurt Liebknecht, aber ähnliche Einlassungen gab es auch von Walter Ulbricht und anderen, zit. nach: Thomas Hoscislawski: Bauen zwischen Macht und Ohnmacht, Dresden 1991, S. 113.

gen von Gropius oder May waren weltweit zu Symbolen dieses Rationalisierungswillens geworden. Allerdings waren sie tatsächlich Symbole geblieben und konnten den angestrebten Grad an Industrialisierung und damit Kostenersparnis gegenüber konventionellem Wohnungsbau nie erreichen. Da hatte man in Ostberlin dank Kriegszerstörungen, Enteignungen und marxistischer Bodenwerttheorie in der Tat mehr Freiheit für Kranbahnen und Großserien. Bauabschnitt II der Karl-Marx-Allee wurde nun dafür wiederum zum Symbol. Einziges Dekor der geschosshohen Wandplatten waren am Ende ihre Fugen, die hier zur Unterstreichung der additiven Struktur eigens eingefärbt wurden. Die Plattenbauten der Karl-Marx-Allee waren in allen Details strikte Gegenbauten zu denen auf der Stalinallee, obwohl ihr hauptsächlicher Entwerfer, Josef Kaiser, als Chefarchitekt von Stalinstadt kurz zuvor ebenfalls noch mit «Nati-Tradi», Säulen und Gesimsen befasst gewesen war. (Aber da hatte dieser offensichtlich besonders wandlungsfähige Mann auch schon eine Architektenkarriere unter den Nazis sowie eine als Opernsänger im Nachkriegswesten Berlins hinter sich.)

Nur, waren die neuen Mietskasernen nicht auch: große Kästen – wie im Westen? «Wir haben's geschafft», wird 1957 der Leiter eines staatlichen Entwurfsbüros in der Zeitschrift *Deutsche Architektur* zitiert: «Unsere Architektur können Sie von der westdeutschen nicht mehr unterscheiden.» Der ungebrochen stalinistisch orientierte Kurt Liebknecht sah es genauso – und konnte es nicht entsetzt genug beklagen.

Tatsächlich ergaben sich da Legitimationsprobleme. Eine Industriegesellschaft jenseits der Ideologien, das war das, was westliche Konvergenztheoretiker wie Fourastié und Schumpeter vertraten; der griechische Planer Konstantinos Doxiades hatte darüber hinaus eine Angleichung der Industrieländer beider politischer Lager in Architektur und Städtebau prognostiziert. Ulbrichts oft belächelte Parolen vom «Überholen, ohne einzuholen» und vom «Weltniveau» der DDR zeugen von dem politischen Dilemma. Aber die Technologie, raumhohe Wandsegmente vorzufabrizieren und im Takt der Kranstraße an Ort und Stelle zu montieren, war nun einmal nicht Marke Eigenbau. Erste Vorformen stammten aus den USA, und für das weltweit einflussreichs-

Abb. 3
Mit fliegender Untertasse den Westen «überholen» – Modellausschnitt mit Fernsehturm und Kongresshalle, Entwurf von Hermann Henselmann, 1959.

te Beton-Plattenbausystem der Fünfzigerjahre stand Raymond Camus, ein ehemaliger Ingenieur des französischen Autoherstellers Citroën. Vielleicht kein Zufall, dass auch die Staatskarossen der DDR-Führung unter Honecker dann solide Citroëns oder Volvos sein sollten, nachdem Ulbrichts «Überhol»-Manöver mit einem aufgepimpten Horch namens Sachsenring P240 traurig gescheitert waren.

Wo sowohl die Technologie als auch die egalitäre Ästhetik der neuen Häuser derart westlich infiltriert waren, ließ sich ihr DDR-Charakter immerhin dennoch trotzig behaupten – und sei es einfach durch den «sozialistischen Gebrauch» der Dinge. Außerdem hatte der unmittelbare Nachbar in Westberlin das Signal zur Abgrenzung gerade selbst geschaffen: Die Interbau-Siedlung im Hansaviertel war als Antwort des «freien Westens» auf den Traditionalismus der Stalinallee inszeniert worden. Die Bauausstellung mit Aalto, Jacobsen, Niemeyer et al. konnte jetzt propagandistisch als eitles Schaulaufen internationaler Stararchitekten mit der monumentalen Schlichtheit der Plattenbauriegel entlang der Karl-Marx-Allee als Gegenbauten gekontert werden.

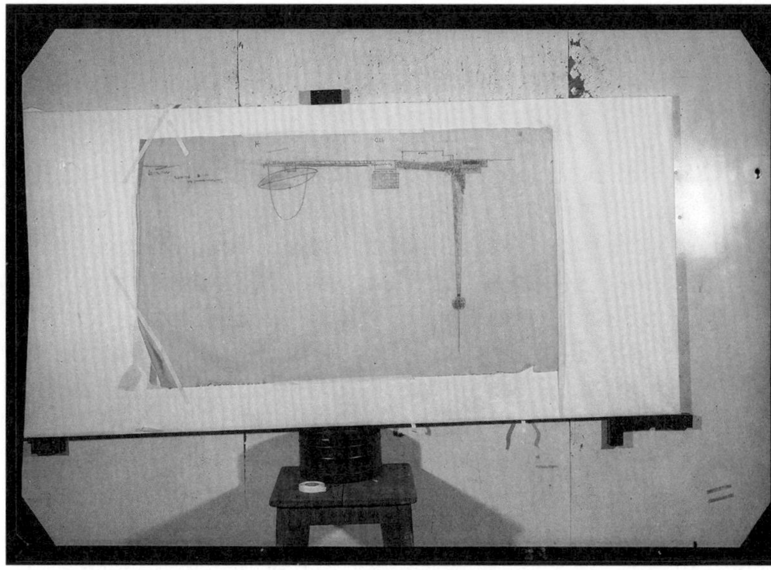

Abb. 4
Space Architecture aus Ostberlin am Reißbrett. Planskizze mit Kongresshalle und «Turm der Signale» (auf den Kopf gestellt) von Hermann Henselmann, 1959.

Dass sich auch Ostberlins Chefarchitekt Hermann Henselmann durchaus als Star verstand, hatte er nicht nur auf dem ersten Bauabschnitt hin zum Strausberger Platz bewiesen, er untermauerte es mit einer individuellen Signatur im Anschluss auf der anderen Seite gleich wieder am Alexanderplatz. Denn mit den schlichten, anonymen, gleichförmigen Plattenbauten waren sofort auch Klagen aufgekommen. Über Schlichtheit, Anonymität, Gleichförmigkeit. Geboren war die «Monotonie-Debatte», die die DDR bis zu ihrem Ende beschäftigen sollte. Henselmanns Gegenbauten hierzu nun wiederum: eine einzige Leistungsschau in der selbstgewählten Disziplin, den Westen mit Spektakulärem zu überholen. Henselmanns Haus des Lehrers war, obwohl Womackas Wandbild auf seiner Bauchbinde ein Loblied aufs sozialistische Lernen singt, das erste typisch New Yorker Stahlskeletthochhaus mit Vorhangfassade auf dem Boden der DDR. Und für die Kongresshalle direkt daneben gibt es einen Entwurf von Henselmann, der verblüffend dem sogenannten *Theme Building* am Flughafen LAX in Los Angeles ähnelt: eine fliegende Untertasse, die unter zwei überkreuzten Stahlbetonbögen hängt. Wesentliche Unterschiede: Henselmanns Untertasse scheint dabei auch noch diagonal zu rotieren – und sie ist drei Jahre älter als der Bau in Los Angeles *(Abb. 3)*. Der gilt heute dort als bedeutendstes Beispiel für sogenannte *Googie Architecture*. Der Name Googie – nicht zu verwechseln mit dem Imperium Google! – kommt von Googie's Coffee Shop am Sunset Boulevard, dem John Lautner 1949 eine Form gab, die gleichzeitig Straßenwerbung dafür machte. *Googie Architecture* ist fast immer Reklame-Spektakel mit Space-Age-Thematik.[6] Es lohnt sich unter diesem Gesichtspunkt, noch einmal einen Blick auf den Fernsehturm zu werfen, der im Kern auf Henselmanns Entwurf eines «Turms der Signale» an dieser Stelle zurückgeht, auch bei ihm schon mit der charakteristischen Kugel, die wie ein Sputnik hoch über der Stadt hängt, auch in ihrem Westteil überall zu sehen sein sollte und dort als Himmelszeichen eines sozialistischen Satellitenstaates entsprechende Schockreaktionen auslöste *(Abb. 4)*.

Die origami-artig gefaltete Fußumbauung des Fernsehturms von Walter Herzog, auch das zackige Dach von Ulrich Müthers nicht grundlos «Ahornblatt» genannter Großgaststätte weiter unten an der Fischerinsel – es schien zeitweise, als habe die DDR-Architektur mit solchen eigentümlichen Bauten und idiosynkratischen Vignetten demonstrativ nichtmonotone, nichtanonyme und auch alles andere als schlichte Gegenbauten zu den Wohnhochhäusern errichten wollen, die oft genug ihren Hintergrund bildeten. Die langen Riegel zu beiden Seiten des Fernsehturms kann man dabei nur deshalb nicht als Wohnmaschinen im Sinne von Le Corbusier bezeichnen, weil sie gleichzeitig der metabolistischen Architektur Japans Reverenz erweisen. Aber die demonstrative Art und Weise, mit der sich hier Wohnen, Einkaufen, Promenieren und Kulturkonsum in einem Bauwerk durchdringen, wirkt vor allem immer wie eine besonders deutliche Antwort auf die aus Effizienzgründen einst verordnete Monofunktionalität beim Wohnungsbau in Plattenbauweise. Wohnhäuser sind bitte von unten bis oben Wohnhäuser, denn so lassen sie sich einfacher, also billiger zusammenstapeln; einkaufen und essen gehen kann man in den Sonderbauformen Wohngebietsgaststätte und Kaufhalle.

Der Palast der Republik hinter seinem braun verspiegelten Sonnenbrillenglas war so gesehen nicht zuletzt auch ein *Showcase* in

6 Vgl. Vanessa R. Schwartz: Jet Age Aesthetic. The Glamour of Media in Motion, New Haven 2020.

Sachen Multifunktionalität, eine geradezu uhrmacherstolze Vorführung, wie viele verschiedene Dimensionen, Funktionen und Komplikationen man in ein und demselben Gehäuse unterbringen kann, wenn man keine Kosten und Mühen scheut. Und auch keine Industriespionage, wie die Westberliner Architekten des Internationalen Congress Centrums ICC hinzufügen würden; sie hatten jedenfalls immer sehr auf die technischen Ähnlichkeiten ihres Multifunktionssaals mit dem im Palast der Republik hingewiesen, ihrer Erzählung nach wurden die Pläne von der Stasi kopiert.

Immerhin hatte der Palast die «Weite und Vielfalt» auszudrücken, die als kulturpolitisches Motto vom VIII. Parteitag der SED unmittelbar nach der Machtübernahme durch Honecker 1971 ausgegeben wurde, auf dessen Plakat übrigens die Baustelle einer Plattenbausiedlung zu sehen war. Auf demselben Parteitag wurde nämlich – nach schwedischem Vorbild – auch ein «Wohnungsbauprogramm» beschlossen, das «die Wohnungsfrage als soziales Problem» in der DDR «bis 1990» lösen sollte. Das System, mit dem das gelingen sollte, war bereits ein Jahr zuvor getauft worden, die Wohnungsbauserie 70. Unter dem Kürzel WBS 70 gilt sie heute als Inbegriff der DDR-Platte, manchmal auch als Inbegriff der DDR schlechthin, als graues Sinnbild des Betonierten und Erstarrten. Ausgerechnet die WBS 70, die eigentlich als besonders kombinatorisch, variabel und flexibel gedacht war – nicht nur *eine* Antwort auf den Vorwurf der Monotonie, sondern denkbar viele. Individualisierung lautete das Zauberwort. Auch wenn es offenbar viele kaum wahrnahmen: In den unterschiedlichen Sektoren des Neubaugebiets Marzahn sahen die Häuser tatsächlich ein bisschen unterschiedlich aus, bildeten leicht verschiedene Formationen, je nachdem aus welchem Bezirk die ausführenden Baubrigaden kamen. Und noch während an den Rändern der Städte, in Berlin-Marzahn und -Hellersdorf genauso wie in Dresden-Gorbitz und Leipzig-Grünau die Großsiedlungen hochgezogen wurden, die Heiner Müller rau «Fickzellen mit Fernheizung» nannte, liefen schon die Bemühungen, das Plattenbausystem zum Gegenbau seiner selbst umzurüsten, es an Innenstadtlagen anzupassen, Baulücken in Altstadtquartieren damit zu füllen, schließlich eigene Altstadt-Simulationen damit zu bauen.

Auf einmal bekamen die Plattenbauten nicht nur die lange vermisste «Funktionsunterlagerung» durch Geschäfte und Gastronomie, sie bekamen auch Imitationen von Giebeln und Mansarddächern. Und am Berliner «Platz der Akademie», wie damals der Gendarmenmarkt hieß, bekamen die Plattenbauten sogar Säulen. Barockisierende Gesimse waren bei den Plattenbauten hier nun fast schon wieder Standard. Das sah nicht nur aus wie der Versuch, die in Westberlin rund um die Internationale Bauausstellung von 1987 aufblühende «Postmoderne Architektur» einzuholen. Es sah aus wie der Versuch, sie mit Lichthupe zu überholen. Die DDR-Architekten, die für die Plattenbau-Renaissance im Nicolaiviertel und den Plattenbau-Barock in der Friedrichstadt verantwortlich zeichneten, hatten sich bei Dienstreisen nach Frankreich direkt bei Ricardo Bofill munitioniert, einem Mann, der es fertigbrachte, Massenwohnungsbau und Prunkelemente, Vorfertigung und Versailles miteinander zu kreuzen. Die Gegenbauten zum gewachsenen Unbehagen an den klassischen Plattenbauten waren Bauten, die in Plattenbautechnik nun den Arbeiter-und-Bauern-Barock des ersten Bauabschnitts der Stalinallee zur Wiederaufführung brachten.

Der Zirkel hatte sich geschlossen, man könnte von der Quadratur der Platte sprechen. Am Anfang war die Stalinallee, und am Ende, zur Zeit der Wende, irgendwie auch.

Nur, dass das Ende eigentlich gar nicht das war, was Egon Krenz als letzter SED-Staatschef gemeint hatte, als er den Begriff der «Wende» aufbrachte – eine Segelmetapher nämlich, einen situativen Kurswechsel zum Kreuzen gegen den Wind, eine bewährte Technik des ewigen Weitermachens, wie sie die Regierung der DDR nicht zuletzt aus vierzig Jahren Bau- und Gegenbaupolitik kannte.

Bildnachweis:
Abb. 1: © Bernd Weu/Robert-Havemann-Gesellschaft. – Abb. 2: © Staatsgalerie Stuttgart. – Abb. 3 und 4: © Akademie der Künste, Berlin, Hermann-Henselmann-Archiv, Nr. 892 F. 6 u. F. 2.

Christian Saehrendt

Der afrikanische Pate

W. E. B. Du Bois und das sozialistische Weltsystem

«Das sozialistische Weltsystem, das internationale Proletariat und die nationalen Befreiungsbewegungen», hieß es 1972 bei einer ostdeutschen Solidaritätsveranstaltung für afrikanische Befreiungsfronten, «fließen zu einem machtvollen Strom zusammen und bestimmen die Hauptrichtung der historischen Entwicklung.»[1] In der DDR-Publizistik hatte der Begriff «sozialistisches Weltsystem» einen verheißungsvollen Beiklang: Suggerierte er doch, dass der Sozialismus eines Tages die Welt beherrschen würde, zumindest einen großen Teil der Welt. In jedem Fall würden die Enge und das Klaustrophobische der ostdeutschen Lebensrealität in den Weiten dieser internationalen Ordnung aufgehoben sein.[2]

Die Stunde des «sozialistischen Weltsystems» schien bereits 1960 in jenem legendären «Afrikanischen Jahr» angebrochen zu sein, in dem achtzehn Staaten des Kontinents unabhängig wurden. Der Niedergang des westlichen Kolonialsystems wurde in Moskau und Ostberlin als große weltpolitische Chance gesehen. Eine ostdeutsche Publikation würdigte «die nationalen Befreiungsbewegungen in Afrika als Bündnispartner des sozialistischen Weltsystems und der internationalen Arbeiterklasse im revolutionären Weltprozess».[3] Nun könnte das Gleichgewicht zwischen Ost und West zugunsten des Sozialismus kippen, hieß es in einer anderen Schrift: «Vom Engagement der Entwicklungsländer hängt im hohen Maße ab, wie sich der weltweite Kampf zwischen Sozialismus und Imperialismus weiter gestaltet.»[4] Aus diesem Grund unternahmen die UdSSR und die DDR erhebliche Anstrengungen, um die neuen Staaten in Afrika und Asien für sich zu gewinnen. So erfolgte noch im «Afrikanischen Jahr» die Gründung der Moskauer «Universität für Völkerfreundschaft» (bald darauf in «Lumumba-Universität» umbenannt) für Studenten aus Asien, Afrika und Lateinamerika. Ebenfalls 1960 erfolgte die Gründung des Afrika-Instituts an der Leipziger Karl-Marx-Universität mit fünfzig Dozenten, die eine Vormachtstellung der DDR-Afrikanistik im deutschsprachigen Raum anstrebte. Zeitgleich wurden kongolesische Gewerkschafter an der Leipziger Gewerkschaftshochschule Fritz Heckert ausgebildet und operative Tagungen zum antiimperialistischen Befreiungskampf durchgeführt.

1 Woche der Solidarität mit den um ihre Befreiung kämpfenden Völkern in Mosambik, Angola und Guinea in der DDR. Redebeiträge und Materialien. Berlin, Oktober 1972.

2 Im westlichen Diskurs wurde der Terminus «Weltsystem» im Umfeld der Entwicklungstheorie geprägt. Vgl. Immanuel Wallerstein: The Modern World-System, Bd. I–IV, London/New York 1974–2011.

3 Hans Kramer (Hg.): Afrika im antiimperialistischen Kampf, Berlin 1978, S. 9.

4 Martin Robbe (Hg.): Wege zur Unabhängigkeit. Die antikoloniale Revolution in Asien und Afrika und die Zukunft der Entwicklungsländer, Berlin 1989, S. 7.

Beim Versuch, das eigene sozialistische System nach Süden zu exportieren, engagierte sich die DDR als Juniorpartner der UdSSR und war bestrebt, den neuen Nationen beim Aufbau des Staatsapparats, der Wirtschaft sowie der Infrastruktur zur Hand zu gehen und in manchen Fällen überhaupt erst die Grundlagen für protostaatliche Strukturen in den Herrschaftsgebieten der Befreiungsbewegungen zu schaffen. Nicht nur durch Unterstützung und Zusammenarbeit in den Sphären von Technik, Staatssicherheit, Wirtschaft und Verwaltung sollte langfristiger Einfluss auf die neuen Eliten jener Staaten gesichert werden, sondern man wollte mithilfe von Wissenschafts-, Kultur- und Ideologieexport auch auf die fortschreitende Integration des «sozialistischen Weltsystems» hinarbeiten. Mit einem demonstrativ ausgeflaggten Internationalismus war darüber hinaus die Hoffnung auf einen Charismatransfer verbunden: Die bürokratisch schon früh erstarrte DDR imaginierte sich als junge, revolutionäre Nation, die moskauhörige SED als antiimperialistische Befreiungsbewegung deutscher Provenienz. Die von Ostberlin hofierten Revolutionsführer des Südens Fidel Castro, Ho Chi Minh oder Samora Machel, aber auch US-amerikanische Bürgerrechtler und Kommunisten wie Paul Robeson, W.E.B. Du Bois und Angela Davis, waren Helden und Heldinnen, in deren radikalem Geist und rebellischem Glanz sich das Politbüro sonnen konnte.

Ein erstes politisches Aktionsfeld fand die Außenpolitik der DDR in Westafrika, wo Ghana bereits 1957 unabhängig geworden war. In den neuen Staaten Afrikas wurden nun die Verwaltungsapparate mit Einheimischen besetzt, die dringend bürokratische Expertise benötigten. Als weitere wichtige Integrationsfaktoren wirkten die Armee und das Schulsystem, die ebenfalls Aufbauhilfe brauchen konnten. Bereits wenige Monate nach Inkrafttreten der Unabhängigkeit bot die DDR Ghana Universitätsstipendien an, um an Ansehen bei der zukünftigen Elite des Landes zu gewinnen. 1961 wurde der ghanaische Maler und Mitgründer der staatlichen Kunstschule in Achimota Kofi Antubam für eine Ausstellung nach Ostberlin eingeladen, gefolgt von weiteren Einladungen an die Künstlergruppe «Akwapim Six» oder an Kobina Bucknors, der die ghanaische Regierung in Kunstfragen beriet. Um die Bindung Ghanas an die akademischen Institutionen der DDR zu fördern, war Präsident Kwame Nkrumah bereits bei seinem Besuch am 1. August 1961 die Ehrendoktorwürde der Berliner Humboldt-Universität verliehen worden. Im Gegenzug reiste der Rektor der Humboldt-Universität, der Mathematiker Kurt Schröder, im November 1961 zur Eröffnung der Universität nach Accra.

Zur diplomatischen Offensive, mit der man Ghanas neue Staatsspitze für die DDR einnehmen wollte, zählte auch die Gründung einer Kommission zur Erforschung des Werks von Anton Wilhelm Amo (1703–1753). Der ehemalige Sklave gilt als erster afrikanischer Student in Deutschland. 1729 hatte er in Diensten der Herzöge von Wolfenbüttel die lateinische Abhandlung *Disputatio iure Maurorum in Europa* («Über die Rechtsstellung der Mohren in Europa») verfasst.[5] Er wurde in Wittenberg promoviert und lehrte einige Zeit an den Philosophischen Fakultäten der Universitäten Halle und Wittenberg als Privatdozent. Nachdem er die Universität verlassen musste, verliert sich seine Spur – wohl auch, weil seine Gönner und akademischen Schutzherren verstorben waren. Zentrale Aufgabe der Hallenser Amo-Kommission sollte die Übersetzung der Werke des afrikanischen Privatgelehrten aus dem Lateinischen ins Deutsche, Englische und Französische sein. Nkrumah zeigte reges Interesse an Amo, der aus der gleichen Region wie der ghanaische Staatsmann stammte und mit diesem die afrikanische Muttersprache Nzima teilte. Nkrumah war daran gelegen, sich mit Amos Œuvre auseinanderzusetzen, und verarbeitete Ideen Amos in seinen eigenen antikolonialen Programmschriften.[6] Als krönender Abschluss des Amo-Forschungsprojekts war vorgesehen, Nkrumah die Ehrensenatorwürde der Universität Halle zu verleihen. Zu diesem Festakt sollte sogar eine Statue dem Andenken Amos gewidmet werden. Auserkoren war dafür die Plastik *Freies Afrika* des Bildhauers Gerhard Geyer. Ursprünglich war beabsichtigt, dieses Bildnis eines afrikanischen Paares als Geschenk des Freien Deutschen Gewerkschaftsbunds nach Accra zu verschicken und dort aufzustellen, wozu es aber nicht kam. Auch die Einladung Nkrumahs nach Halle blieb unerwidert, der geplante internationale Festakt fiel aus. Geyers Plastik war zum zweiten Mal überflüssig geworden. Nun wurde sie trotzdem in Halle aufgestellt

5 «Hierselbst hat sich ein in Diensten Sr. Hochfürstl. Durchl. des regierenden Hertzogs von Wolfenbüttel stehender getaufter Mohr Namens Herr Antonius Wilhelmus Amo, einige Jahre Studirens halber aufgehalten.» (Wöchentliche Hallische Frage- und Anzeigungs-Nachrichten, 28. November 1729). Vgl. Johann Heinrich Zedler: «Amo (Anton Wilhelm)», in: Großes Universallexicon aller Wissenschaften und Künste, hg. von Justin E. H. Smith, Leipzig, 1739–1750, Sp. 1369–1370. Am 4. Mai 2021 beschloss das Bezirksamt (Berlin-Mitte) die Umbenennung der Mohrenstraße in Anton-Wilhelm-Amo-Straße. In der DDR war in der Mohrenstraße – im Ensemblebau des heutigen Bundesministeriums für Justiz – das Internationale Presseamt untergebracht, in dem Günter Schabowski am 9. November 1989 die Öffnung der Mauer – «sofort, unverzüglich ...» – bekanntgab.

6 Kwame Nkrumah: Consciencism. Philosophy and Ideology for De-Colonization and Development with particular reference to the African Revolution, London 1964. Vgl. Ulrich van der Heyden: Kwame Nkrumah – Diktator oder Panafrikanist? Die politische Bewertung des ghanaischen Politikers in der DDR im Spannungsfeld der deutsch-deutschen Konkurrenz in Westafrika, Potsdam 2017.

und 1975 auf einer Tafel als «Amo-Denkmal» bezeichnet. Für eine Darstellung zu Ehren eines aufklärerischen Akademikers wirkte Geyers rustikale Doppelfigur eines afrikanischen Mannes mit freiem Oberkörper und ebenso bäuerlicher weiblicher Begleitung etwas befremdlich. Warum wurde Amo nicht in üblicher europäischer Kleidung und Perücke, wie andere Gelehrte auch, gezeigt? Um diesen Irritationen Rechnung zu tragen, ergänzte die Universität 2021 das Denkmal um eine Tafel, die klarstellt, dass es sich nicht um ein Konterfei Amos handelt.

1963 trat eine Delegation des DDR-Außenministeriums unter Leitung von Vizeaußenminister Otto Winzer eine offizielle Reise nach Westafrika an. In der Hauptstadt des neuen Ghana machte die ostdeutsche Gesandtschaft einer intellektuellen Berühmtheit die Aufwartung: William Edward Burghardt Du Bois (1868–1963). Wie kaum ein zweiter Denker der Nachkriegszeit verkörperte er die Idee eines «sozialistischen Weltsystems». Sein Leben oszillierte zwischen New York und Moskau, Berlin und Accra, sein Werk wurde auf allen drei Kontinenten breit rezipiert. W. E. B. Du Bois war einer der einflussreichsten Wegbereiter und Aktivisten der afroamerikanischen Bürgerrechtsbewegung. Als erster Afroamerikaner erlangte er 1895 in Harvard die Doktorwürde. Zuvor hatte der Soziologe einige Semester als Stipendiat des Slater Fund an der Universität zu Berlin studiert. Du Bois setzte sich mit der fremdbestimmten Identität der Schwarzen auseinander und betonte, vor allem auf dem Feld der Musik, den Wert einer originär schwarzen Kultur. Die deutsche Reichsgründung, insbesondere die Rolle Bismarcks, stilisierte er in einer historischen Überblendung zum Vorbild für einen politischen Zusammenschluss der Afroamerikaner zu einer eigenen Nation. In den 1920er Jahren und 1936 kehrte er als Reporter nach Deutschland zurück und berichtete der amerikanischen Öffentlichkeit über das Land. 1946 bekannte er sich in einer Rede in den USA erstmals öffentlich zur Sowjetunion und orientierte sich in den Folgejahren konsequent und unkritisch zum sozialistischen Lager hin, was in einem hymnischen Nachruf auf Stalin gipfelte.[7] 1958 fand er sich in Ostberlin ein, um an der Humboldt-Universität den Ehrendoktortitel zu empfangen. Die Laudatio pries ihn als Brückenbauer zwischen dem afroamerikanischen und dem

7 Vgl. W. E. B. Du Bois: International Thought, hg. von Adom Getachew/Jennifer Pitts, Cambridge 2022.

Abb. 1
Dr. h. c. Befreiungskampf – Verleihung der Ehrendoktorwürde an Du Bois im Senatssaal der Humboldt-Universität, 3. November 1958.

antikolonialen Befreiungskampf: «Viele Führer des nationalen Befreiungskampfes in Afrika wurden durch das Wirken von Professor Du Bois zum politischen Handeln und zur propagandistischen Tätigkeit angeregt. Mit Stolz kann unser heutiger Ehrendoktorand darauf hinweisen, dass sein Lebenswerk so eng mit den entscheidenden gesellschaftlichen Umwälzungen in der Mitte unseres Jahrhunderts verbunden ist.»[8] Bei einem anschließenden Aufenthalt in Taschkent rief er die afrikanischen Regierungen dazu auf, Güter und Rohstoffe in Zukunft bevorzugt von der Sowjetunion und der Volksrepublik China zu beziehen, um die Bande zum sozialistischen Lager zu stärken. Moskau belohnte ihn kurz darauf mit dem Internationalen Lenin-Friedenspreis,

8 Ansprache des Dekans der Wirtschaftswissenschaftlichen Fakultät der Humboldt-Universität, Berlin, Professor Dr. rer. pol. (hab.) Mohrmann, anläßlich der Ehrenpromotion von Professor Dr. Dr. Du Bois, 3.11.1958.

der ihm in der sowjetischen Botschaft in Washington überreicht wurde. In den USA war er nun weithin als Kommunist verschrien.

Du Bois entzog sich dieser misslichen Lage, indem er den Entschluss fasste, Afrikaner zu werden. Prompt erreichte ihn mit seinem offiziellen Eintritt in die Kommunistische Partei der USA die offizielle Einladung von Präsident Nkrumah, in Ghana am Projekt einer *Encyclopedia Africana* mitzuwirken, die das historische Wissen um Afrika und die afrikanische Diaspora bündeln sollte. Du Bois kehrte den Vereinigten Staaten den Rücken und nahm die Staatsbürgerschaft Ghanas an. In Accra bezog er gemeinsam mit einigen amerikanischen Mitarbeitern ein Domizil, wo er Hof hielt und für einen stetigen internationalen Besucherstrom sorgte, darunter ostdeutsche und chinesische Parteifunktionäre sowie zahlreiche Vertreter revolutionärer Befreiungsbewegungen wie etwa Mohammed Ben Bella aus Algerien. Schon vor Du Bois' Ankunft waren US-amerikanische Intellektuelle nach Ghana aufgebrochen, um ein Zeichen «panafrikanischer Solidarität» zu setzen und den Schulterschluss mit dem neuen Staat zu üben. So war der afroamerikanische Künstler Earl Raymond Sweeting 1957 auf Einladung des neuen Präsidenten Nkrumah zum ersten offiziellen Kunstkurator im unabhängigen Ghana ernannt worden. Für den politischen Stammsitz von Nkrumahs panafrikanisch-sozialistischer Convention People's Party in Accra malte er großformatige Historienbilder. Nicht nur die repräsentative Kunst im Hauptquartier des Präsidenten stand im Bann des Afrozentrismus. Sweeting schrieb den Afrikanern die Erfindung von Mathematik, Architektur, Chemie und Medizin sowie viele Entdeckungen mehr zu – erst später hätten sich die Griechen diese Erkenntnisse zu eigen gemacht. Das afroamerikanische Interesse an Ghana ebbte auch in den Folgejahren nicht ab, wie die Stippvisiten des Bürgerrechtlers Julian Bond, der Schriftstellerin Maya Angelou oder des Lyrikers Amiri Baraka bezeugen. Malcom X hielt im Mai 1964 an der Universität in Accra eine Rede, aber da lebte Du Bois schon nicht mehr.

Am Ende entschied sich Ghana jedoch gegen die Eingliederung in das «sozialistische Weltsystem». Stattdessen trat es als erstes afrikanisches Land dem Commonwealth of Nations bei. Und der populäre panafrikanische Politiker Nkrumah, der selbst nicht zimperlich mit der Opposition in seinem Land umging, wurde 1966 durch einen prowestlichen Putsch kaltgestellt. Die Einflussmöglichkeiten der DDR waren damit minimiert worden. Doch bald zeichneten sich neue Ziele für die Entwicklungspolitik der DDR ab. Als das portugiesische Kolonialreich 1974 nach fast einem halben Jahrtausend in Afrika implodierte, konnte der Ostblock seine gesamte Erbmasse an sich ziehen. Guinea-Bissau, die Kapverden, São Tomé, vor allem Angola und Mosambik wurden zu engen Verbündeten der Sowjetunion und der DDR. Ein weiterer Glücksfall für den Realsozialismus war der Militärputsch in Äthiopien, der zeitgleich zum portugiesischen Zusammenbruch dieses große ostafrikanische Land ins sozialistische Lager führte. Der Ostblock agierte nun arbeitsteilig und wahrhaft global bei der Ausweitung der Einflusszonen in Afrika: Während die Sowjetunion als Hegemon die Versorgung mit Kriegsgerät übernahm, stellte Kuba Kampf- und Interventionstruppen. Die DDR wiederum verlegte sich schwerpunktmäßig auf die wirtschaftliche und ideologische Einbettung der afrikanischen Partner in das «sozialistische Weltsystem». Die für den Rohstoffimport lukrative Integration von Angola (Erdöl), Mosambik (Steinkohle, Fischerei) und Äthiopien (Kaffee) in das Gefüge des sozialistischen Wirtschaftsverbundes RGW (Rat für Gegenseitige Wirtschaftshilfe) erforderte allerdings erhebliche Vorleistungen und Investitionen. Die DDR betrieb angesichts begrenzter Ressourcen einen erstaunlich großen Aufwand, um mit afrikanischen Ländern in Beziehungen zu treten. Solche Gelegenheiten wollten beim Schopf gepackt werden, bevor die günstige politische Stunde dafür verstrich. Im Fall von Ghana schloss sich das sozialistische Zeitfenster nach neun Jahren, die Allianz mit Äthiopien währte immerhin fünfzehn Jahre.

Vielleicht war die ideologische Nomenklatura auf ihren Kulturdelegationsreisen auch deshalb versucht, diesen fragilen Partnerschaften durch steinerne Monumente Beständigkeit anzudichten. Im Universitätsviertel von Addis Abeba findet sich noch heute ein Karl-Marx-Denkmal – ein Relikt der DDR auf afrikanischem Boden.

Bildnachweis:
Abb. 1: © BArch BILD 183-59703-006.

Kai Sina

Der kurze Weg nach Westen

Biermanns Seitensprünge

Wolf Biermann gilt als ostdeutscher Dissident, der sich nach seiner Ausbürgerung 1976 dem Westen zuwandte – ein Weg, der sich scheinbar geradlinig von der DDR zur Bundesrepublik, von der Diktatur zur Demokratie, von der Staatszensur zur freien Bühne vollzieht. So hat er es oft besungen und auch beschrieben, etwa in seiner Autobiografie *Warte nicht auf bessre Zeiten!* von 2016. Diese Deutung übersieht allerdings die strukturelle Widersprüchlichkeit seines Werks. Biermanns Texte und Lieder bewegen sich, und zwar bis heute, in einem Spannungsverhältnis: Sie beziehen sich auf den Westen, ebenso wie sie sich von ihm abgrenzen. Sie formulieren keine Bekenntnisse, sondern entfalten eine Konstellation, in der politische Kritik, kulturelle Faszination und ideologische Irritation nebeneinanderstehen. Vielleicht lässt sich Biermann am treffendsten als eine Figur zwischen den Systemen verstehen: beheimatet in beiden, aber in keinem wirklich zu Hause.

Bereits sein literarisches Debüt verweist programmatisch über die DDR hinaus. Der 1965 im alternativen Westberliner Verlag Klaus Wagenbach erschienene Gedichtband *Die Drahtharfe* war mehr als eine ostdeutsche Publikation im westlichen Exil. Er inszenierte eine literarische Grenzverschiebung. Der Titel greift Truman Capotes Roman *The Grass Harp* auf, konterkariert ihn aber zugleich. Während bei Capote die Grasharfe das Medium einer demokratischen Vielstimmigkeit ist, einer Dichtung, «die alles bewahrte, die alles erzählte, die Harfe der Stimmen, die uns alles ins Gedächtnis rief» (so der Schlusssatz des Romans, der seinerseits auf Walt Whitman und die demokratische Poetik der *Leaves of Grass* Bezug nimmt), so ist die Drahtharfe ein proletarisches Störinstrument, das den «Handlangern des Regimes» quietschend «in den Ohren liegen und das Leben schwer machen» soll. Anschluss und Abgrenzung von den Vereinigten Staaten, die insgesamt eine «starke Präsenz im Band» haben, liegen also nahe beieinander.[1]

Noch etwas handgreiflicher wird die Westbindung auf Biermanns erstem Album *Chausseestraße 131*. Die Platte wurde in seiner Ostberliner Wohnung aufgenommen, aber mit einem Mikrofon westlicher Herstellung, das seine Mutter aus Hamburg über die Grenze geschmuggelt hatte. Das hochsensible Gerät

1 Hendrikje Schauer: Der Sound der Drahtharfe. Wolf Biermanns Lyrik, in: Wolf Biermann. Ein Lyriker und Liedermacher in Deutschland, hg. von Dorlis Blume/Monika Boll/Raphael Gross, Berlin 2023, S. 78–91, hier S. 81. Das Capote-Zitat findet sich ebd.

zeichnete nicht nur die Stimme auf, sondern auch den Klang der Straße: Stimmengewirr, Hundegebell, Verkehrslärm. Als sich herausstellte, dass sich dies technisch nicht ändern ließ, entschloss man sich zu einem offensiven Umgang mit den widrigen Umständen; man öffnete bei der Aufnahme die Fenster und erzeugte so die unverwechselbare akustische Kulisse, für die die Platte bis heute berühmt ist. Die Pointe ist aber noch eine andere: Es ist westliche Technik, die den Authentizitätscharakter von *Chausseestraße 131* – den «wahren» Sound Ostberlins, aufgezeichnet in Biermanns eigener Wohnung – unumgänglich gemacht, aber auch erst ermöglicht hat.

Diese Verbindung von Ästhetik (Ost) und Technik (West) ist kein Einzelbefund, sondern Ausdruck eines umfassenderen Zusammenhangs. Die Wohnung in der Chausseestraße wurde zu einem Ort symbolischer Verdichtung. Hier fanden heimliche Konzerte statt, hier entstanden immer neue Texte und Melodien – und hier gingen Besucher aus dem Westen ein und aus, darunter Protagonisten der amerikanischen Beat- und Bürgerrechtsbewegung wie Allen Ginsberg und Joan Baez. Die von westdeutschen Journalisten verfassten Homestories und Reportagen flankierten nicht nur Biermanns Veröffentlichungen, sondern waren selbst flankierender Teil seines Werks. Rudi Dutschke brachte diese Strategie am prägnantesten auf den Punkt, als er Biermann als «einen durch die westlichen Medien vermittelten Künstler des ‹Ostens›» bezeichnete.[2]

Auch ökonomisch sollte sich Biermanns Westbindung früh auszahlen. Nachdem erste Veröffentlichungen im Kleinverlag von Klaus Wagenbach erschienen waren, wechselte der Sängerdichter 1973 zum US-amerikanischen Majorlabel CBS. Für viele Linke aus der Achtundsechziger-Szene ein Verrat, für Biermann selbst ein Akt der künstlerischen Autonomie. Entsprechend hielt er seinen Kritikern abgeklärt den Ansatz der immanenten Kritik entgegen: «Wenn ich im Westen meine Lieder veröffentliche, dann veröffentliche ich in einem kapitalistischen Land, das kapitalistische Strukturen, ökonomisch-politische Verhältnisse hat, die eindeutig kapitalistisch sind. Auch was sich links geriert, oder auch wirklich links oder revolutionär ist, geht über den Markt.»[3] Business und linke Kritik schließen sich für Biermann

2 Rudi Dutschke: Offener Brief für Wolf: Kritik und Selbstkritik, in: Wolf Biermann. Liedermacher und Sozialist, hg. von Thomas Rothschild, Reinbek bei Hamburg 1976, S. 67–85, hier S. 78.

3 Wolf Biermann im Gespräch mit Klaus Antes (1974), in: Wolf Biermann, hg. von Heinz Ludwig Arnold, München 1980, S. 52–66, hier S. 54.

mitnichten aus, sie bedingen einander sogar; ein Standpunkt des Nicht-Dabeiseins ist innerhalb eines kapitalistischen Systems nicht zu haben. Dass dies nicht zwangsläufig damit einhergehen muss, die eigene politische Dignität aufzugeben, soll dabei ausgerechnet Bob Dylan bezeugen, obwohl dieser zum Zeitpunkt des Interviews alles andere als ein Garant für Prinzipienfestigkeit war. Einen Hinweis darauf, dass Biermann die Hakenschläge seiner Argumentation selbst ein wenig unheimlich waren, gibt das Cover der ersten bei CBS erschienenen Platte, *Warte nicht auf beßre Zeiten*, das bewusst «kein Wort» verlauten ließ über den «Seitensprung in das Tonstudio beim westdeutschen Klassenfeind», wie er Jahrzehnte später anmerkten sollte.[4]

Zugleich verweist die freundliche, fast etwas unterwürfige Bezugnahme auf Bob Dylan («mein verehrter Kollege») auf eine tiefere kulturelle Faszination – eine transatlantische Verwandtschaft, die sich jenseits ökonomischer Rationalität bewegt. Biermanns Westverhältnis kann daher nicht allein innerdeutsch gedacht werden. Die USA erscheinen als Faszinosum eigener Ordnung, als mythischer Ort der Dichter, Dissidenten und Individualisten.

Die komplizierte Gebundenheit Biermanns an den Westen drückt sich noch dort aus, wo er in seinen Liedern eine prononcierte Westkritik formuliert. Von Beginn an protestiert und polemisiert er mit dem Westen gegen den Westen. Besonders deutlich – und kalt, ja brutal – wird das in dem Lied *Enfant perdu* von 1973. Es ist eine Elegie auf Florian Havemann, der zwei Jahre vor Erscheinen des Songs aus der DDR geflohen war. «Flori Have» ist der zweite Sohn des Regimekritikers Robert Havemann, der ein enger Freund Biermanns gewesen war und als Mitglied der dissidentischen Ost-Achtundsechziger vom Regime verfolgt wurde. In seinem Lied schildert Biermann Havemanns Flucht als einen «deutschen Fall», wobei «Fall» sowohl die Angelegenheit selbst wie auch den moralischen und politischen Absturz bezeichnet – und «deutsch» nicht allein DDR und BRD, sondern mit Letzterer das westlich-kapitalistische System im Ganzen.

Der Liedtext spielt mit den unterschiedlichen semantischen Nuancen, Formen und Varianten des Wortes ‹Fallen›, wobei sich der maliziöse Zug des Textes zum Ende hin zuspitzt: «Laß, laß in

4 Wolf Biermann: Warte nicht auf bessre Zeiten! Die Autobiographie, 3. Aufl., Berlin 2016, S. 286.

die Binsen gehen, / damit wir im Osten sehen, / daß der, der abfällt, fällt.»[5] Man muss sich vor Augen halten: Das schreibt und singt einer, der selbst unter ständiger Beobachtung durch die Stasi stand, dem 1965 ein Veröffentlichungsverbot auferlegt wurde – und der dennoch den Glauben nicht aufgeben will (oder kann), dass der Sozialismus der DDR dem westlichen Kapitalismus überlegen sei. Mit dem Titel verweist *Enfant perdu* auf ein Gedicht von Heinrich Heine, doch in seiner lakonischen Akzeptanz des Opfers und der ideologischen Vereinnahmung des Geschehens lässt das Lied eher an Bertolt Brechts *Maßnahme* denken. Dies sind die Verse des Refrains, der in der zweiten Hälfte Florian Havemanns Vater Robert adressiert und dessen Versuch, das Verhalten des Sohnes gegenüber dem Freund Biermann zu rechtfertigen, als Augenwischerei zurückweist:

Er ist hinüber – enfant perdu
Ach, kluge Kinder sterben früh
Von Ost nach West – ein deutscher Fall
Laß, Robert, laß sein
Nee, schenk mir kein' ein!
Abgang ist überall[6]

Aufgegriffen und weiter angereichert wird die Ost-West-Konfrontation in Biermanns Song durch die Einbindung zweier Radio-O-Töne. Zum einen sind dies Ausschnitte aus Berichten über einen Staatsbesuch tschechoslowakischer Regierungsvertreter in der DDR. Zufällig ausgewählt sind sie nicht: Im Januar 1972, also nur ein Jahr vor Erscheinen des Liedes, wurde die Pass- und Visafreiheit für die Menschen in der DDR im Verkehr mit der Tschechoslowakei eingeführt. Hintergründig wird damit auf Tendenzen der Öffnung und Liberalisierung hingewiesen, was die «Republikflucht» nicht nur als Verrat, sondern überdies als unbegründet entlarven soll: ‹Es tut sich doch was!› Zum anderen, ganz am Ende des Stückes, sind Ausschnitte aus US-amerikanischen Radioprogrammen eingeblendet: eine Kakofonie an billig produzierten Sounds, Satzfetzen in breitem Vulgäramerikanisch und Werbejingles. Bezogen auf den Song im Ganzen, verbindet sich damit eine von schlichtem antiamerikanischem Ressenti-

5 Ders.: Enfant perdu, auf: Warte nicht auf beßre Zeiten, CBS 1973.

6 Ebd.

ment durchdrungene Frage: ‹Wer wollte ernsthaft die reformwillige DDR verlassen für diese hohle, grelle Plastikwelt des westlichen Kapitalismus?› Die Antwort gibt Biermann in seinem Lied selbst: bloß «der ausgeflippte Have».

Gerade hier zeigt sich, wie eng bei Biermann die Fragen nach Deutschland, dem Westen und Amerika ineinander verschränkt sind, ohne deckungsgleich zu sein. Der Westen im Allgemeinen und die USA im Besonderen erscheinen in *Enfant perdu* nicht als Ort der Freiheit, sondern als Raum des Verlusts, der falschen Versprechen und kulturellen Leere. Die politische Kritik im engeren Sinne richtet sich dabei weniger gegen die Vereinigten Staaten als gegen die Bundesrepublik. Biermanns Ablehnung des Westens ist, bei unterschiedlicher Akzentuierung, national *und* transatlantisch gerahmt. Dieser Befund ist entscheidend: Der Begriff «Westen» bezeichnet bei Biermann keine homogene Größe.

Für sich selbst – im Kontrast zum «Fallen» – findet Biermann im Bild des preußischen Ikarus eine lyrische Projektionsfläche. Die gleichnamige Ballade, die er wenige Monate vor seiner Ausbürgerung im November 1976 schrieb, beginnt mit diesen Strophen:

Da, wo die Friedrichstraße sacht
Den Schritt über das Wasser macht
Da hängt über der Spree
Die Weidendammerbrücke. Schön
Kannst du da Preußens Adler sehn
Wenn ich am Geländer steh

Dann steht da der preußische Ikarus
Mit grauen Flügeln aus Eisenguß
Dem tun seine Arme so weh
Er fliegt nicht weg – er stürzt nicht ab
Macht keinen Wind – und macht nicht schlapp
Am Geländer über der Spree[7]

Das Bleiben und Ausharren in der DDR, das Nicht-Wegfliegen, Nicht-Schlappmachen, das «Nicht-Fallen», und sei es um den Preis größter Schmerzen, erscheint als eine nur in der sprachlichen Geste salopp daherkommende Bestätigung des preußischen

7 Ders.: Ballade vom preußischen Ikarus, auf: Trotz alledem!, CBS 1978.

Tugendkatalogs: Disziplin, Ordnung, Pflichterfüllung. Demgegenüber steht der Geflüchtete «Flori Have», wie ihn *Enfant perdu* vorstellt, als Schwächling und Verlierer da. Dass Biermann dessen dreimonatige Untersuchungshaft im Stasi-Gefängnis Hohenschönhausen und seine Verurteilung wegen «staatsfeindlicher Hetze» unerwähnt lässt (er hatte mit einer aus dem Fenster gehängten tschechoslowakischen Flagge gegen die Niederschlagung des Prager Frühlings protestiert), kann vor diesem Hintergrund nicht verwundern. Es würde die überscharfe Kontrastierung zunichtemachen.

Nach seiner Ausbürgerung 1976 wandelt sich Biermanns äußere Position, nicht jedoch seine künstlerische Grundhaltung. Weiterhin ist für ihn der Sozialismus dem westlichen Kapitalismus unbedingt vorzuziehen, was die DDR, bei aller Kritik an ihrer machtgierigen und korrupten Führung, immer noch attraktiver erscheinen lässt als die BRD. Für sein Lied *Deutsches Miserere* von 1978 wurde Biermann von der bundesrepublikanischen konservativen Presse besonders heftig angegangen: «Hier fallen sie auf den Rücken, / dort kriechen sie auf dem Bauche, / und ich bin gekommen [...] / vom Regen in die Jauche.»[8]

Zumindest eines ändert sich in dieser Werkphase aber doch, nämlich die Prägnanz, mit der Biermann den Westen attackiert. In früheren Liedern bleibt die Westkritik durchweg allgemein und behaftet von Ressentiment. Nun aber wird der Sänger konkreter. In seiner Version von Freiligraths klassischem Arbeiterlied *Trotz alledem*, die sich auf seinem gleichbetitelten Album von 1978 befindet, lässt Biermann den vertrauten Dreiklang der bundesrepublikanischen Linken erklingen. Ihr, die immer schon sein Zielpublikum war, versucht er entgegenzukommen, indem er die kapitalistische Ausbeutung, das Wiedererstarken des Faschismus, die Reizfiguren Strauß und Kohl, die vermeintliche Kriegstreiberei der NATO anprangert. Als einziger gesellschaftspolitischer Ausweg aus Regen-DDR und Jauche-BRD erscheint im Lied ein verbesserter Sozialismus, der sich mit dem Prager Frühling und dem Ökosozialisten Rudolf Bahro verbindet.

Die emanzipatorischen Errungenschaften innerhalb der westdeutschen Gesellschaft geraten in Biermanns Liedern dagegen nicht in den Blick. Für Ulrich Herbert etwa stehen die späten

8 Ders.: Deutsches Miserere, auf: Trotz alledem!, CBS 1978.

Siebziger- und frühen Achtzigerjahre im Zeichen der Akzeptanz «pluraler individueller Orientierungen»,[9] und Jürgen Habermas schreibt in seinem Band *Die Neue Unübersichtlichkeit* von 1985 den Satz: «Es ist tatsächlich etwas besser geworden.»[10] All das begünstigt auch einen neuen Blick auf den transatlantischen Westen. Enzensberger und Gaston Salvatore, Dutschkes einstiger Mitstreiter und Biermanns ehemaliger Besucher in der Chausseestraße, gründen in München die Zeitschrift *TransAtlantik*, die ein deutscher *New Yorker* sein will und darin für ein neues, keineswegs unkritisches, aber doch wohlwollendes West- und Amerikaverständnis eintritt.[11]

Biermanns Position erscheint dagegen festgemauert, politisch wie künstlerisch. Er verharrt in der Negation. Auch sein Engagement für die Friedens- und die Anti-AKW-Bewegung, das sich in agitatorischen Liedern wie *Gorleben soll leben* ausdrückt, führt zu keiner Dynamisierung, sondern lediglich zu einer Ergänzung des längst etablierten Repertoires. In seiner Autobiografie verwirft Biermann die Lieder dieser Werkphase, die auch die betont raubeinige Live-Platte *Eins in die Fresse, mein Herzblatt* von 1980 hervorgebracht hat, unverhohlen als «Agitprop-Schrott» und «Polit-Schund».[12]

Erst Mitte der 1980er Jahre tritt eine neue Tonlage auf. In der *Ballade für Eva-Marie, für die aus'm Osten* – gemeint ist Eva-Maria Hagen, Biermanns einstige Lebensgefährtin, die 1977 ebenfalls ausgebürgert wurde – beschreibt Biermann das Leben im Westen aus der Perspektive einer innerlich geteilten Figur:

> So wie das Gestirn, ohne Hast, ohne Rast
> Ich hab' es geschafft und ich bin auch schon fast
> Ein Westmensch wie du geworden
> Ich finde das Leben im Westen *bon*
> Und plapper' schon munter im Westjargon
> Und dennoch gibt es so Extras hier
> Die viel zu viel Seelengeld kosten
> Da sag' ich: Nee, nein danke, kein Bedarf!
> Ich bin noch auf anderes Leben scharf
> Ich bleib immer die aus dem Osten![13]

9 Ulrich Herbert: Geschichte Deutschlands im 20. Jahrhundert, 2., durchges. Aufl., München 2017, S. 1008.

10 Jürgen Habermas: Die Neue Unübersichtlichkeit. Kleine politische Schriften V, Frankfurt/M. 1985, S. 203. Mit seinem Satz bezieht sich Habermas auf den gesamten Prozess der westdeutschen Nachkriegsgeschichte, die «Erfahrung 1945 und danach».

11 Kai Sina: TransAtlantik. Hans Magnus Enzensberger, Gaston Salvatore und ihre Zeitschrift für das westliche Deutschland, 2. Aufl., Göttingen 2022.

12 Biermann: Warte nicht auf bessre Zeiten!, S. 356.

13 Ders.: Ballade für Eva-Marie, für die aus'm Osten, auf: Seelengeld, CBS 1986.

Es ist der erste Versuch, sich im Westen einzurichten, ohne sich zu verlieren. Der Osten wird nicht mehr als Gegenwelt, sondern als Herkunftsraum begriffen, der Orientierung bietet. Die Zerrissenheit wird nicht überwunden, sondern angenommen. Biermanns Subjekt ist doppelt gebunden.

Diese zweifache Selbstverortung findet ihren vielleicht paradoxesten Ausdruck in Biermanns Bundestagsauftritt vom 7. November 2014. Eingeladen, das Lied *Ermutigung* zu singen, nutzt Biermann die Bühne für eine politische Intervention. Bundestagspräsident Lammert mahnt zur Einhaltung der Geschäftsordnung. Biermann antwortet, er habe sich das Reden in der DDR nicht abgewöhnt, deshalb wolle er es hier schon gar nicht tun. Es folgt eine Generalabrechnung mit der Linkspartei: «Drachenbrut», «reaktionär», «elender Rest». Es ist eine Pose zwischen Siegfried und heiligem Georg, zwischen angestaubtem Heldentum und moralischer Übersteuerung. Aufseiten der anderen Fraktionen: Gelächter, Applaus.[14]

Vor diesem Hintergrund wirkt es befremdlich, wenn ein geläuterter Biermann seine Autobiografie in ein Bekenntnis zur Portalfigur der «Offenen Gesellschaft» Karl Popper münden lässt – und seinen jahrzehntelangen Spott über die «bürgerliche Demokratie» plötzlich als «hochmütig» zurückruft.[15] Gerade im Deutschen Bundestag, dem Symbol ebenjener Demokratie, hätte er zeigen können, dass er sie nicht nur beschwört, sondern auch lebt. Das naheliegende Argument der biografischen Prägung verfängt dabei nur vordergründig. Demokratie ist dort, wo das Ich sprechen darf – ungehindert, unbelehrt, ungebremst.

Zugleich wäre es unfair, es hierbei zu belassen. Zwar wirkt Biermanns herrischer Stil kaum demokratisch im landläufigen Sinne. Doch Habitus ist eben nicht alles. Sein konkretes Engagement für die Demokratie zeigt sich exemplarisch: 1991 setzte er sich öffentlich und vehement für den Erhalt der Stasi-Unterlagen ein, um die Aufarbeitung der DDR-Diktatur nicht parteipolitischen Interessen zu überlassen. 1989 äußerte Biermann zuerst Skepsis gegenüber der Wiedervereinigung, erkannte 1990 in der Einheit jedoch eine Chance zur gemeinsamen demokratischen Erneuerung. Seit 2014, verstärkt nach 2022, bezieht er deutlich Stellung gegen Putins Angriffskrieg und unterstützt die Ukraine

14 Nachzusehen unter https://www.youtube.com/watch?v=kUheTVZTPNI.

15 Biermann: Warte nicht auf bessre Zeiten!, S. 526.

als Angegriffene in ihrem Freiheitskampf. Für Biermann bedeutet Demokratie offenbar weniger diskursive Regelbefolgung als praktisches Leben, als Kritik und Verantwortung – ganz im lebensweltlichen Sinne dessen, was sich in Anlehnung an John Dewey als *Everyday Democracy* bezeichnen lässt.

Ungebrochen ist aber auch dieser demokratische Pragmatismus nicht. In Biermanns öffentliche Rede mischt sich immer wieder ein Furor, der gelegentlich Züge einer überkompensatorischen Parteinahme annimmt. Als 2013 die Enthüllungen Edward Snowdens den NSA-Überwachungsskandal ins Rollen brachten, wies Biermann die Empörung darüber als maßlos und propagandistisch zurück. Bereits zehn Jahre zuvor, im Zuge des Irak-Kriegs 2003, hatte er sich vehement gegen die neue deutsche Friedensbewegung gewandt, deren Kritik an der US-Intervention er als moralische Selbsttäuschung deutete. Die Darstellung des Irak als Bedrohung, angeblich mit Massenvernichtungswaffen ausgestattet, übernahm er unkritisch, gerade so, als habe Colin Powell ihm seine Worte diktiert – und das zu einem Zeitpunkt, als viele der amerikanischen Behauptungen bereits massiv angezweifelt worden waren. In den polemischen Spitzen seiner Westaffirmation zeigt sich weniger ein liberaler Geist als das fortdauernde Verlangen nach klaren Fronten. Die westliche Kultur in ihrer pluralistischen, widersprüchlichen Offenheit bleibt ihm fremd. Er denkt weiterhin in Begriffen von Lager, Loyalität und Läuterung.

Biermanns Werk folgt keiner linearen Bewegung. Es geht weder in der konsequenten Abwendung von der DDR noch in der entschlossenen Hinwendung zum Westen gänzlich auf. Vielmehr entsteht es aus einer doppelten Spannung: politisch wie kulturell, historisch wie biografisch. Seine Lieder und Texte setzen sich mit den Bedingungen beider Systeme auseinander, ohne sich in einem von ihnen gänzlich zu situieren. Die Westbindung bleibt dabei ein offener Begriff – kein Ziel, sondern ein Konflikt. Als «Weltkind mittenmang» bezeichnet sich Biermann mit Goethe, der die Mitte nicht als Synthese von Gegensätzen (im dialektischen Sinne) dachte, sondern als eine Sphäre der Komplexität, in der sich die Dinge und Ideen ineinander verstricken.[16] Entscheidend ist nicht das Ankommen auf der einen oder anderen Seite, sondern die Unruhe zwischen den Polen.

16 Johann Wolfgang Goethe: Aus meinem Leben. Dichtung und Wahrheit, hg. von Klaus-Detlef Müller, Frankfurt/M. 1986, S. 676.

Sebastian Eller

Ehen in Hoyerswerda

Kollisionen im Internationalistischen Privatrecht

I.

Die Globalisierung scheint ein recht mühsames Unterfangen. So schrieb Justizminister Kurt Wünsche im April 1968 seinem Amtskollegen für Auswärtiges von den profanen Problemen des sozialistischen Rechtsalltags: «Bei dieser Gelegenheit möchte ich nochmals darauf hinweisen, daß uns nur in ganz geringem Umfange Material über die Rechtsordnung, Rechtspflegeorgane und Rechtsprechung der jungen Nationalstaaten zur Verfügung steht. Dieser Umstand [...] erschwert den Rechtspflegeorganen der DDR die Arbeit bei der Abwicklung konkreter Rechtsfälle mit Beteiligten dieser Länder.» Aber nicht nur das Wissen, auch die rechtlichen Rahmenbedingungen schienen prekär. Zwar bestünden bilaterale Verträge mit sozialistischen Staaten, schrieb Wünsche weiter, und die Beziehungen zu den westeuropäischen Ländern seien durch das Haager Abkommen zum Zivilprozess geregelt. Der Rechtshilfeverkehr «mit den arabischen, afrikanischen und asiatischen Ländern» hingegen müsse bisher «auf außervertraglicher Grundlage ohne spezielle Vereinbarung abgewickelt» werden. Das bedeute jedes Mal eigene umständliche Anfragen auf diplomatischem Weg, die langwierig und unzuverlässig seien. Die Bearbeitungszeiten der Rechtshilfeersuche brächten die Verfahren regelmäßig zum Erliegen. Konkret betreffe dies Algerien, Ägypten, Guinea, Indien, Irak, Mali und Syrien – allesamt «junge Nationalstaaten», wie es in der offiziösen DDR-Terminologie hieß.

In Zukunft müssten Urkunden schneller zugestellt, Beweismittel überbracht, Gutachten beschafft und Vollstreckungshilfe beantragt werden können. Unterhaltsansprüche, Vaterschaftsanfechtungen, Eheschließungen – dafür brauche es gerade bei Verfahrensbeteiligten mit anderer Staatsbürgerschaft einen verlässlichen Rahmen. Doch der Moment, fuhr Minister Wünsche fort, sei nun günstig, um die Situation zum Besseren zu wenden: «Hinsichtlich der Möglichkeit, den Rechtshilfeverkehr staatsvertraglich zu regeln, führten die Untersuchungen zu der Feststellung, dass die jungen Nationalstaaten auf dem Gebiete des internationalen Rechtsverkehrs weder multilateral noch bilateral vertraglich gebunden sind.»[1]

Das Rumoren in der Justizverwaltung deutet darauf hin, dass

1 Sämtliche Zitate aus dem Schreiben Kurt Wünsches an Otto Winzer vom 3.4.1968, BArch DP 1/1883, unpaginiert.

grenzüberschreitende Rechtsstreitigkeiten früh die Gerichte belasteten und bis in die Spitze der Ministerien als ein ernsthaftes Problem wahrgenommen wurden. Was es im Dickicht unterschiedlichster Jurisdiktionen brauchte, waren klare Regeln, die entschieden, in welchen Fällen welches Recht gelten sollte, und einen stetigen Informationsfluss sicherstellten. Was es brauchte, war ein Internationales Privatrecht (IPR). Die Bestandsaufnahme muss für die sozialistische Rechtspolitik besonders unbefriedigend gewesen sein. Was bis dahin als IPR bezeichnet werden konnte, war nicht nur höchst fragmentiert. Teilweise lag es in einzelnen Verträgen zu sozialistischen Staaten in Europa vor, teils im Einführungsgesetz zum Familiengesetzbuch. Überwiegend bestand es aber im Kern immer noch aus den ungeliebten, aber weiterhin geltenden Überbleibseln der als kapitalistisch wahrgenommenen Ordnung des Einführungsgesetzes zum Bürgerlichen Gesetzbuch von 1896 und des von Wünsche angesprochenen Haager Abkommens von 1905. Vor allem übersah das IPR aber, wenn man dem Justizminister folgt, die «jungen Nationalstaaten» der ehemaligen europäischen Kolonien und argumentierte somit an der neuen politischen Landkarte vorbei. Den Gerichten fehlte nicht nur die Kenntnis über diese fremden Rechtsordnungen, sondern auch ein rechtlicher Rahmen dafür, wann diese Anwendung fänden. Waren die Verwandtschaftsverhältnisse eines syrischen Arztes in Hoyerswerda bei einem Sorgerechtsstreit durch DDR-Gerichte auch nach syrischem Recht zu beurteilen? Auch bei pragmatischeren Fragen etwa nach der Sprache von Schriftstücken an algerische Gerichte oder dem freien Geleit von Sachverständigen aus dem Irak herrschte Verunsicherung.[2] Die grenzüberschreitenden Fälle häuften sich, und das bereits, bevor ab den 1970er Jahren verstärkt Vertragsarbeiter aus den nichteuropäischen «Bruderländern» angeworben wurden.

In den folgenden Jahren kam es dann auch zu einer grundlegenden Neuordnung des IPR. Die Auseinandersetzung mit den Staaten, die aus der Dekolonisierung hervorgegangen waren, erwies sich dabei als ein entscheidender globaler Kontext der ostdeutschen Rechtsentwicklung, die im IPR gekennzeichnet ist durch eine ausgeweitete Rechtshilfediplomatie in den globalen Süden,[3] die parallele Kodifikation des Kollisionsrechts mit dem

2 Die Beispiele finden sich in der späteren Monographie von Manfred Hofmann/Horst Fincke: Der internationale Zivilprozeß, Berlin 1980, S. 171, 142 f.

3 Ägypten 1969, Syrien 1970, Irak 1970, Jemen 1971, Algerien 1972, Somalia 1976, Guinea-Bissau 1976; eine zweite Welle von Rechtshilfeverträgen wurde in den 1980er Jahren abgeschlossen: Kapverden 1980, Mosambik 1981, Angola 1981, Sambia 1986, Ghana 1987, Kongo 1987.

Rechtsanwendungsgesetz,[4] aber auch Bemühungen, entsprechende Verfahren zu professionalisieren, etwa durch die Etablierung eines Rechtsanwaltsbüros für internationale Zivilrechtsvertretungen.[5] Außenpolitische Anstrengungen schienen das nationale Recht zu prägen.[6]

Dekolonialisierung durch ein sozialistisches IPR? Ein Blick in die Vorstellungswelt und Praxis der ostdeutschen Rechtswissenschaft muss diese Erwartung enttäuschen. Denn wo in der Dorotheenstraße wenige Türen weiter dieses Vorhaben umgesetzt werden sollte, fällt das Fazit ernüchternd aus. Sobald der globale Anspruch ins juristisch Kleingedruckte übersetzt werden sollte, stolperte man über bekannte Probleme und blieb in eingeübten Mustern und Reflexen gefangen.

II.

Bürokraten sind selten bekannt. Gustav-Adolf Lübchen begann 1953 mit abgeschlossenem Jurastudium und gerade einmal dreiundzwanzig Jahren seine Tätigkeit im Ministerium der Justiz in der Dorotheenstraße 93 in Berlin. Er wird es, abgesehen von einer kurzen Unterbrechung, bis zum Oktober 1990 nicht mehr verlassen. Damit war er einer der wenigen Mitarbeitenden, die unter allen fünf Justizministern der DDR ihren Dienst verrichteten. Seine Beharrlichkeit zahlte sich aus. Als späterer Leiter der Hauptabteilung Gesetzgebung verantwortete er alle größeren Zivilrechtskodifikationen. Die mantraartig wiederholte Vorgabe der Partei, «die sozialistische Rechtsordnung zu vervollkommnen», beschäftigte wenige so akut wie ihn. Ehemalige Kollegen erinnern sich an ihn als den «Papst des ZGB», des Zivilgesetzbuchs der DDR.[7] Bis dahin arbeitete und schrieb Lübchen jedoch vor allem zum IPR.

Er tat das als regelmäßiges Mitglied der Verhandlungsdelegationen der Rechtshilfeverträge und als Mitglied der Redaktionskommission zum Rechtsanwendungsgesetz. Vor seiner Beförderung zum Abteilungsleiter wird ein Vermerk festhalten, dass «Genosse Lübchen» am «Zustandekommen aller unserer Rechtshilfeverträge mitgewirkt hat».[8] Wissenschaftlich schreibt er rechtsvergleichend zu zivil- und familienrechtlichen Kollisionsnormen, jenen Rechtssätzen die bei grenzüberschreitenden Sachverhalten anordnen, welche nationale Rechtsordnung überhaupt

4 Gesetz über die Anwendung des Rechts auf internationale zivil-, familien- und arbeitsrechtliche Beziehungen sowie auf internationale Wirtschaftsverträge (Rechtsanwendungsgesetz) vom 5. Dezember 1975, GBl. I, S. 748–750.

5 Anordnung über die Bestätigung des Statuts des Rechtsanwaltsbüros für internationale Zivilrechtsvertretungen vom 18. August 1967, GBl. II, S. 563–565.

6 Jüngere Arbeiten zur Völkerrechtsgeschichte haben herausgearbeitet, dass rechtliche Positionen sich gerade durch das Eintreten der europäischen Staatssozialismen für nationale Selbstbestimmung im globalen Süden formten. Vgl. etwa Sara Dehm: Contesting the Right to Leave in International Law: the Berlin Wall, the Third World Brain Drain and the Politics of Emigration in the 1960s, in: Matthew Craven/Sundhya Pahuja/Gerry Simpson (Hg.): International Law and the Cold War, Cambridge 2019, S. 159–188, hier S. 177–187.

7 Bundesstiftung Aufarbeitung, Zeitzeugen, 777 Dr. Ronald Brachmann, S. 1.

8 Anhang zum Schreiben von Kröger an Schreier vom 12.2.1967, BArch DP 1/1883, unpaginiert.

anzuwenden ist.[9] Aber auch die Kommentierung zum Internationalen Privatrecht[10] sowie das einzige Lehrbuch hierzu[11] stammen von ihm, daneben zahlreiche Aufsätze. Wenige Personen dürften das sozialistische IPR deutscher Provenienz praktisch wie theoretisch so geprägt haben wie Lübchen. Welche Rolle nahm die Auseinandersetzung mit den «jungen Nationalstaaten» bei ihm und seinen Gesprächspartnern ein?

III.

Tatsächlich scheint auf einen ersten Blick vieles dafür zu sprechen, dass Sprache und Idee eines sozialistischen IPR von der Annäherung an den globalen Süden geprägt waren. Zeitlich und personell fiel die Arbeit am neuen Gesetz mit der Aushandlung der Rechtshilfeverträge zusammen. Für eigene multilaterale Abkommen nannte Lübchen panamerikanische Vertragswerke als Vorbild.[12] Die Haager Konferenz für Internationales Privatrecht wurde als imperialistisch kritisiert, da sie die Staaten in Afrika und Asien, die sich erst vor kurzem ihre Unabhängigkeit erkämpft hatten, ausschließe und benachteilige.[13] Diese Rhetorik zeigt sich bis in die Lehrbuchliteratur hinein, wo die Bedeutung der gegenseitigen Anerkennung der Rechtsordnungen am Beispiel der extraterritorialen Wirkung der Verstaatlichungsgesetze der neuen Staaten erläutert wird. Den zunächst juristischen, später militärischen Interventionen der ehemaligen Anteilseigner gegen die Verstaatlichung der Suezkanal-Gesellschaft sei einzig durch die Bestrebungen der sozialistischen Welt Einhalt geboten worden. Hier zeige sich der Versuch der «kapitalistischen Staaten», die nationale Selbstbestimmung privatrechtlich zu bepreisen und so wirtschaftlich unmöglich zu machen.[14]

IV.

Jedoch offenbart sich auf den zweiten Blick in den Reformarbeiten eine recht hierarchische Vorstellung der Annäherung. Und auf das eigene Selbstverständnis hatte sie ebenfalls wenig Einfluss. Was als genuin sozialistisches IPR verstanden wurde, definierte Lübchen weiterhin in Abgrenzung zum Westen. Auch die repressive Seite des neuen IPR stand nicht gerade im Zeichen einer «Völkerfreundschaft» unter Gleichberechtigten.

9 Vgl. die Dissertation von Gustav-Adolf Lübchen: Die kollisionsrechtliche Regelung des Schutzes der Rechte der Bürger in den Rechtshilfeverträgen der Deutschen Demokratischen Republik auf dem Gebiet des Zivil- und Familienrechts. Eine rechtsvergleichende Studie der bestehenden Rechtshilfeverträge der DDR als Beitrag zur Neugestaltung des Kollisionsrecht in künftigen Rechtshilfeverträgen und im künftigen Zivilgesetzbuch, Berlin 1966.

10 Ministerium der Justiz (Hg.): Das Familienrecht der DDR. Kommentar zum Familiengesetzbuch der Deutschen Demokratischen Republik vom 20. Dezember 1965 und zum Einführungsgesetz zum Familiengesetzbuch der Deutschen Demokratischen Republik vom 20. Dezember 1965, 3. Aufl., Berlin 1970; Ministerium der Justiz (Hg.): Internationales Privatrecht. Kommentar zum Rechtsanwendungsgesetz, Berlin 1989.

11 Gustav-Adolf Lübchen/Martin Posch: Zivilrechtsverhältnisse mit Auslandsberührung. Grundriß Zivilrecht, Heft 10, Berlin 1978.

12 Lübchen: Die kollisionsrechtliche Regelung, S. 17.

13 Horst Fincke: Entwicklungstendenzen im Internationalen Privatrecht, Potsdam 1978, S. 41; Hofmann/Fincke: Der internationale Zivilprozeß, S. 29.

14 Lübchen/Posch: Zivilrechtsverhältnisse mit Auslandsberührung, S. 49 f., unter Verweis auf L. A. Lunz: Die →

Der «Perspektivplan» des Justizministeriums sprach von der «Unterstützung der jungen Nationalstaaten», damit diese eine ebenso «fortschrittliche Rechtsordnung» entwickeln können.[15] Solch juristische Entwicklungshilfe wurde sonst eigentlich als «neokoloniales Erbe» abgekanzelt, solange sie im Westen vermutet wurde.[16] Zu dem asymmetrischen Impetus, dass hier vor allem eine Seite etwas zu lernen hätte, passt auch, dass Lübchen ein sozialistisches IPR zwar als globales Projekt begriff – er sah sich auf dem Weg, «ein neues sozialistisches, völkerverbindendes Internationales Privatrecht» zu entwickeln –,[17] eine tatsächliche Auseinandersetzung mit den je spezifischen Rechtsordnungen der sogenannten Dritten Welt aber nur an der Oberfläche stattfand. Das ist insofern bemerkenswert, als viele seiner öffentlich-rechtlichen Kollegen zwar auch ihre dekoloniale Rhetorik vor allem als Kontrastfolie zum Westen in Stellung brachten, aber zugleich zu afrikanischen Verfassungsentwicklungen publizierten.[18]

Während heute aus rechtlicher Sicht, unter Verweis auf die Strukturverwandtschaft zwischen den sozialistischen Gesetzen und ihren bürgerlichen Vorgängern und Nachfolgern, nicht von einem eigenständigen sozialistischen IPR ausgegangen wird,[19] verwendete die zeitgenössische Selbstbeschreibung viel Energie auf die Definition von Alleinstellungsmerkmalen. Neben einer bestimmten Form sollte sich das IPR für Lübchen insbesondere durch die «fortschrittlicheren» Regelungen auszeichnen. Es wurde insbesondere die Gleichberechtigung von Mann und Frau betont, wie die Begründung zweier paradigmatischer Kollisionsnormen zeigt. Dabei galt ein vermeintlich bürgerliches Rechtsverständnis sowohl in der Sache also auch in der Form als Gegenpol.

Das liberale Recht der bürgerlichen Gesellschaft schien abstrakt und gerade darin ideologisch. Diesen Regelungsstil, der die konkreten Ausbeutungsverhältnisse nur verdecken würde, galt es zu überwinden. Der Kapitalismus sollte so auch durch gelungene Gesetzgebungskunst und rechtswissenschaftliche Prosa überwunden werden. Für das sozialistische IPR bedeutete dies, eine Vielzahl spezifischer Konfliktfälle explizit von Fall zu Fall auszubuchstabieren,[20] was auf unzählige kleinteilige Kollisionsnormen hinauslief. Während sonst das erklärte Ziel, ein ver-

→ Nationalisierung der Suez-Kanal-Gesellschaft ist ein souveränes Recht Ägyptens, in: Rechtswissenschaftlicher Informationsdienst 8 (1958), S. 247–254, hier S. 251 f.

15 Grundsätze und Hauptrichtung der Entwicklung der Aufgaben des Ministeriums der Justiz in der Periode 1965 bis 1970 (Perspektivplan), BArch MfS HA XX/7368, Bl. 516–547, hier Bl. 534.

16 Gerhard Brehme/Klaus Hutschenreuter: Zur Rolle der westdeutschen Staats- und Rechtswissenschaften im System des Neokolonialismus, in: Staat und Recht 8 (1970), S. 1254–1270, hier S. 1264.

17 Lübchen: Die kollisionsrechtliche Regelung, S. 174.

18 Philipp Dann: «Neokolonialismus», Innovationen und Amnesien. Verfassungsvergleichung im Deutschland der Nachkriegszeit, in: Philipp Dann/Isabel Feichtner/Jochen von Bernstorff (Hg.): (Post)Koloniale Rechtswissenschaft. Geschichte und Gegenwart des Kolonialismus in der deutschen Rechtswissenschaft, Tübingen 2022, S. 369–391, hier S. 373 f., 382.

19 Teilweise wird pauschal unterstellt, dass grenzüberschreitende Sachverhalte kein Regelungsproblem für sozialistische Staaten darstellten, so Tamás Szabados: Bestimmung des Personalstatuts in den postsozialistischen Staaten, in: ZEuP 24 (2016), S. 278–299, hier S. 282.

20 Lübchen: Die kollisionsrechtliche Regelung, S. 173.

ständlicheres Recht für den einfachen Bürger zu schaffen, zum Standardrepertoire jedes neuen Gesetzgebungsvorhabens der DDR gehörte, überrascht hier der nachsichtige Blick auf die sonst vielgescholtene juristische Expertokratie. Denn auch den Gerichten wurden Verständnisprobleme attestiert. Insbesondere die Instanzgerichte würden aufgrund der «Kompliziertheit mancher Verhältnisse» und der «zum Teil noch vorhandene[n] Unerfahrenheit»[21] Kollisionsregeln schlicht ignorieren. In ihrer scheinbar provinziellen Naivität wendeten die Kreis- und Bezirksgerichte unmittelbar DDR-Recht an, zum Verdruss des Justizministeriums. Lübchen untersuchte stichprobenartig die Verfahren in Leipzig und kam alsbald zu dem Zwischenergebnis, dass rund die Hälfte aller Urteile zu grenzüberschreitenden Verfahren keine Ausführungen zum IPR, seinen gesetzlichen Grundlagen oder der hierzu erfolgten höchstrichterlichen Rechtsprechung enthielten.[22] Resigniert stellte er fest, dass die «Bemühungen des Obersten Gerichts, die Gerichte zur exakten und gründlichen Beachtung der Kollisionsregeln der Rechtshilfeverträge anzuhalten», auf wenig Resonanz stießen.[23] Die Dysfunktionalität der Verfahren ging allem Anschein nach nicht nur auf das fehlende Wissen der Gerichte über die fremden Rechtsordnungen zurück, sondern auch auf die Unkenntnis über die eigene. Das fragmentierte IPR der 1950er und 1960er Jahre kam kaum zur Anwendung. Der Regelungsstil war nicht nur ideologisch ein Problem, sondern hatte auch zur Folge, dass die einschlägigen IPR-Vorschriften vor Gericht häufig ignoriert wurden. Es brauchte, so die Meinung im Justizministerium, ein einheitliches, eigenes Gesetzbuch für das neue IPR – weniger aus Gründen diplomatischer Klugheit als aus der Notwendigkeit einer effektiveren Justizsteuerung heraus.

Inhaltlich plädierte Lübchen für eine einheitliche Kollisionsnorm für persönliche und vermögensrechtliche Beziehungen zwischen Ehegatten. Während im «internationalen Privatrecht kapitalistischer Staaten» für persönliche Beziehungen die gemeinsame Staatsangehörigkeit beider Ehegatten entscheidend sei, kam für Fragen des ehelichen Güterrechts einzig das Recht nach der Staatsangehörigkeit des Ehemanns zum Tragen. Das ist eine etwas verkürzte, aber in der Sache zutreffende Wiedergabe der westdeutschen Rechtslage in Art. 14 und 15 EGBGB a. F.[24] Sie

21 Ebd., S. 114.

22 Ebd.

23 Ebd., S. 117.

24 Einführungsgesetz zum Bürgerlichen Gesetzbuche vom 18. August 1896, RGBl., S. 604–650, hier S. 606.

wurden als Verstoß gegen den Gleichbehandlungsgrundsatz vereinzelt auch in der Bonner Republik kritisiert. Überwiegend wurde die «Anknüpfung an das Mannesrecht» jedoch als unproblematisch angesehen.[25] Für einen Richtungswechsel sorgte nur das Bundesverfassungsgericht, das die Nichtigkeit des hier entscheidenden Art. 15 EGBGB a. F. allerdings erst 1983 feststellte.[26] Diese Ungleichbehandlung sei im Sozialismus dagegen unvorstellbar, so Lübchen bereits 1966. Die einheitliche Kollisionsregel sei gerade «eine Widerspiegelung der organischen Einheit, die die persönlichen und vermögensrechtlichen Beziehungen der Ehegatten nach den Familiengesetzen der sozialistischen Länder bilden», und würde vom «Grundsatz der Gleichstellung von Mann und Frau» ausgehen. Hierdurch würden die sozialistischen Staaten «aktiven Einfluß auf die Festigung der Familiengemeinschaft» nehmen. Das kapitalistische Recht sei im Gegensatz dazu eine typische «Überbetonung der vermögensrechtlichen Seite und Bevorzugung der Stellung des Ehemannes».[27]

Dass letztlich diese scharfe Trennlinie zum Westen im Allgemeinen und der Bonner Republik im Besonderen das wesentliche Motiv der Reform bleibt, zeigt sich an der zentralen Vorbehaltsklausel des neuen Kollisionsrechts. Nicht angewendet werden sollte ausländisches Recht, wenn es «mit den Grundprinzipien der staatlichen Ordnung der Deutschen Demokratischen Republik»[28] unvereinbar sei. Genannt wurden Vorschriften, die sich «eindeutig gegen die Gleichberechtigung der Ehefrau richten».[29] Konkret gehe es um Regelungen, die Ehefrauen von der Verwaltung des ehelichen Vermögens ausschließn oder die Berufstätigkeit von der Zustimmung des Ehemanns abhängig machen.[30] Die emanzipatorischen Errungenschaften im DDR-Recht dürften nicht ganz zufällig ausgeflaggt worden sein, galten sie doch gerade umgekehrt als Beleg der Rückständigkeit «kapitalistische[r] Verhältnisse» und der patriarchalen «Unterordnungspflicht der Frau» im Familienrecht der frühen Bonner Republik.[31] Vom Brückenschlag zum globalen Süden bleibt im Internationalen Privatrecht der DDR am Ende eine deutsch-deutsche Polemik.

Die Selbstbeschreibung spart dabei einen Punkt aus, der in besonderem Widerspruch zur eigenen Erzählung steht. Denn in zumindest einem neuralgischen Punkt des Eherechts bedeutete das

25 Michael Martinek: Wissenschaftsgeschichte der Rechtsvergleichung und des Internationalen Privatrechts in der Bundesrepublik Deutschland, in: Dieter Simon (Hg.): Rechtswissenschaft in der Bonner Republik, Frankfurt/M. 1994, S. 529–619, hier S. 584–588.

26 BVerfGE 31, 58 – Spanier-Beschluss [1971]; BVerfGE 63, 181 – Güterrechtsstatut [1983].

27 Sämtlich Zitate aus Lübchen: Die kollisionsrechtliche Regelung, S. 105 f.

28 § 24 EGFGB, später § 4 RAG.

29 Gustav-Adolf Lübchen: Neuregelung des Internationalen Familienrechts, in: Neue Justiz 1 (1966), S. 14–17, hier S. 17.

30 Ministerium der Justiz (Hg.): Kommentar FGB/EGFGB, § 24, S. 471 f.

31 Anita Grandke: Einige Gedanken zur Theorie des Familienrechts, in: Wissenschaftliche Zeitschrift der Humboldt-Universität zu Berlin. Gesellschafts- und sprachwissenschaftliche Reihe 15 (1966), S. 741–749, hier S. 742.

sozialistische IPR einen empfindlichen Rückschritt. Eingeführt wurde ein Genehmigungsvorbehalt für binationale Eheschließungen.[32] Damit wandte man sich nicht nur von der bis dahin geltenden Regelung ab, sondern obendrein von der als Wesensmerkmal des Sozialismus gerühmten «absolute[n] Freiheit der Eheschließung».[33] In der neuen Norm offenbarte sich die repressive Rückseite der neuen Kodifikationen.

Denn die Regelung folgte nicht ganz zufällig auf den Mauerbau. Dem zeitgenössischen Staatsangehörigenrecht der meisten westlichen Staaten nach erlangte die Ehefrau die Staatsangehörigkeit des Ehemanns, samt Reisepass.[34] Die Eheschließung konnte so die legale Ausreise ermöglichen – was es aus Sicht der Parteiführung zu verhindern galt. Zudem sollte mit Blick auf die «jungen Nationalstaaten» sichergestellt werden, dass – trotz staatlich verordneter «Völkerfreundschaft» – Vertragsarbeitskräfte nicht dauerhaft in der DDR blieben. Die Versuche der Staatsführung, private Kontakte zu DDR-Bürgern zu unterbinden,[35] finden hier ihre Entsprechung im neuen Internationalen Privatrecht. Die Regelung sei «Ausdruck der Schutzfunktion des sozialistischen Staates bei Wahrnehmung der Interessen seiner Bürger», kommentierte Lübchen hingegen noch 1989.[36]

V.

Die internationale Suche nach diplomatischer Anerkennung schlug auf die Sprache durch: hier in der Form einer dekolonialen Rhetorik, die die Arbeiten zum IPR begleitete. Jedoch zielte die eigentliche politische Stoßrichtung auf eine Abgrenzung vom Westen. Trotz des ursprünglichen Regelungsanlasses war sie ein Kampfplatz der deutsch-deutschen Rivalität. Genuin sozialistisches IPR wurde als Gegenbild zu den bürgerlichen Rechtsordnungen gerechtfertigt, nicht als weltanschauliches Rapprochement mit den «jungen Nationalstaaten», geschweige denn eine gerechtere Regelung für sie. Doch gerade in seiner Widersprüchlichkeit ist das Internationale Privatrecht in der DDR ein Beispiel dafür, dass sich auch in der rechtswissenschaftlichen Dogmatik Nord-Süd-Beziehungen und Ost-West-Spannungen überlagerten und miteinander verschränkten.

32 Zunächst § 15 Abs. 1 EGFGB, sodann § 18 Abs. 1, S. 2 RAG (später i. V. m. der Verordnung zur Gewährung des ständigen Wohnsitzes für Ausländer in der DDR und zur Eheschließung von Bürgern der DDR mit Ausländern vom 30. November 1988, GBI. I 1988 Nr. 52, S. 274).

33 Richard Halgasch: Ehe und Ehescheidung. Ein Beitrag zur Theorie des Eherechts, Jena 1965, S. 28.

34 Vgl. für die Bonner Republik zwischen 1957 und 1970 nur § 6 Abs. 1, 2 Reichs- und Staatsangehörigkeitsgesetz vom 22. Juli 1913, geändert durch Drittes Gesetz zur Regelung von Fragen der Staatsangehörigkeit vom 19. August 1957, BGBl. I, S. 1251 i. V. m. § 6 Abs. 1 Gesetz über das Paßwesen vom 4. März 1952, BGBl. I, S. 290.

35 Johanna M. Wetzel/Marcia C. Schenck: Liebe in Zeiten der Vertragsarbeit. Rassismus, Wissen und binationale Beziehungen in der DDR und Ostdeutschland, in: Peripherie 42 (2022), S. 31–55, hier S. 38 f.

36 Ministerium der Justiz (Hg.): Kommentar RAG, § 18, S. 72.

Yanara Schmacks

Die Westbindung der Krippe

Die DDR-Mutter hat ein Nachleben. In Essays und Romanen wird sie als kalte, egozentrische, manipulative, vernachlässigende Frau porträtiert, die ihren Kindern psychische und körperliche Gewalt antut und im äußersten Fall sogar zur Kindermörderin wird. Im Bild der Mutter spiegelt sich dann das Urteil über den untergegangenen Staat: Erziehung in der DDR, so die Annahme, war systembedingt lieblos und hochgradig autoritär.[1]

Dass ein dämonisierender Totalitarismusdiskurs auf dem Feld von Mutterschaft und Kindererziehung ausgetragen wird, ist nichts Neues. Ganz im Gegenteil: Die Motive, die die aktuelle Diskussion prägen und die ostdeutsche Mutter ins Visier nehmen, bilden das Herzstück einer Debatte, die seit dem Kalten Krieg immer wieder aufflammt. Dabei werden zweifellos reale Fälle von häuslicher Gewalt für einen Diskurs eingespannt, der nicht nur Ausdruck schmerzlicher individueller Leidenserfahrungen ist. Denn im Zuge der ideologischen, kulturellen und sozialpolitischen Abwicklung der DDR nach 1990 nahmen die ostdeutsche Mutter und die außerhäusliche Kinderbetreuung eine überraschend zentrale Rolle ein.

Kindererziehung und Mutterschaft wurden in der DDR allerdings weder isoliert von internationalen Trends noch eindimensional thematisiert. Aus vergleichender historischer Perspektive lassen sich auf diesem Gebiet Gemeinsamkeiten zwischen der DDR und westlichen Ländern feststellen. Ein solcher Zugang fördert Erkenntnisse über die Rezeption wissenschaftlicher Trends aus dem Westen, das Krippensystem und die Integration von Frauen in den Arbeitsmarkt zutage, die sich nicht mit der hegemonialen Erzählung decken. Gleicht man diese Einsichten mit westdeutschen Vorstellungen von Mutterschaft und Kindererziehung ab – insbesondere der obsessiven Gleichsetzung von berufstätigen Müttern und außerhäuslicher Kinderbetreuung mit Lieblosigkeit und emotional deformierenden Entbehrungen –, erscheint aus westlicher Perspektive nicht die DDR, sondern die BRD als rückständiger, illiberaler Sonderfall.

Nachwendefantasien: Kindererziehung in Ostdeutschland

In den Jahren nach der Wende und Wiedervereinigung war der Streit über die DDR-Kindererziehung ein weltanschaulicher

1 Siehe, zum Beispiel, Anne Rabe: Kinderland, in: Merkur 74, Nr. 858, November 2020, S. 30–40; dies.: Die Möglichkeit von Glück. Roman, Stuttgart 2023; Charlotte Gneuss: Gittersee, Frankfurt/M. 2023.

Kampfplatz. Befeuert von Expertinnen und Experten aus Pädiatrie und Psychologie und weithin noch durchdrungen von der Rhetorik des Kalten Krieges, standen zunächst die DDR-Krippen und damit die Idee der permanent abwesenden Mutter im Fokus aufgeregter Ablehnung. Nur wenige Monate nach dem Fall der Mauer geißelte der Mainzer Kinderarzt Johannes Pechstein das DDR-Krippensystem lautstark als «eines der Relikte des gescheiterten marxistischen Staats- und Wirtschaftssystems, das zu beseitigen ist», und warnte vor einer «gesundheitliche[n] – insbesondere [...] psychosoziale[n] – Gefährdung durch frühe Massenpflege», da hier «die Seele der Kinder vergessen» würde.[2] Aussagen wie die von Pechstein waren in bestimmten medizinischen und psychologischen Kreisen verbreitet und sattelten auf der seit den frühen 1980er Jahren von der CDU geführten Kampagne für eine «geistig-moralische Wende» und der damit einhergehenden Tendenz zu einer konservativeren Familienpolitik auf.[3] Die Kinderkrippen stellvertretend für die DDR zu richten, war allerdings nicht nur in Westdeutschland, sondern auch auf ostdeutscher Seite geläufig. So lancierten die Kinderärzte Gisela und Manfred Kalz im Januar 1990 auf einem pädiatrischen Kongress in Erfurt den Appell «Zurückdrängung der Kinderkrippen. Aufruf der ‹Initiativgruppe Krippenbetreuung› der Kinderärzte in der DDR».[4]

Die Diskussion um die DDR-Pädagogik erstreckte sich auch auf die Erziehung *in* der Familie. In seinem Besteller *Der Gefühlsstau. Ein Psychogramm der DDR* (1990) verkündete der ostdeutsche Psychotherapeut und Bürgerrechtler Hans-Joachim Maaz, dass Kinder (und auch Erwachsene) in der DDR auf staatlicher wie familiärer Ebene unter starken Repressionen mit psychischen Langzeitfolgen gelitten hätten. Die DDR-Mutter sei durch ihre volle Integration in die Arbeitswelt permanent gestresst und psychisch unreif gewesen, so Maaz, die Trennung von Mutter und Kind während der Arbeitszeit schränkte die Individualität der Kinder stark ein und enthielt ihnen Zärtlichkeit und Zuneigung vor. Der Erziehungsstil in der Familie war «in aller Regel autoritär», «kinderfeindlich» und zielte darauf ab, «die Kinder so schnell wie möglich zu disziplinieren, d.h. «letztlich ‹unlebendig› zu machen». Das Bedürfnis des Kindes nach Liebe und Zärtlichkeit

2 Johannes Pechstein: Auflösung der Kinderkrippen in der DDR als Relikte der SED-Diktatur, in: Sozialpädiatrie in Praxis und Klinik 12, Nr. 4, 1990, S. 261–267, hier S. 261.

3 Siehe CDA Verlagsgesellschaft (Hg.): Die sanfte Macht der Familie, Königswinter 1981.

4 Gisela Kalz/Manfred Kalz: Zurückdrängung der Kinderkrippen. Aufruf der ‹Initiativgruppe Krippenbetreuung› der Kinderärzte in der DDR, in: Sozialpädiatrie in Praxis und Klinik 12, Nr. 4, 1990, S. 268.

sei in DDR-Familien in der Regel ungestillt geblieben. Was Maaz als «autoritäre Geburt» bezeichnete, hatte besonders schädliche langfristige psychische Auswirkungen, da die frühe Erfahrung von Trauma und Entfremdung während der technologisierten und medikamentösen Geburt im Krankenhaus zu einem frühen «Geborgenheitsverlust» und langfristigen «Abhängigkeitswünsche[n]» führen würde.[5]

Die Langzeitfolgen dieser repressiven Erziehungspraktiken waren für Maaz eine Ursache für die Ausbrüche von xenophobem Hass und rassistischer Gewalt in den Nachwendejahren.[6] Mitverantwortlich waren nicht etwa die massiven strukturellen Verwerfungen, die ökonomische Unsicherheit, die kulturelle Orientierungslosigkeit und die weitgehende Delegitimierung ostdeutscher Biographien nach 1989, als Erklärung taugten weder die fragwürdige und einseitige Erinnerungspolitik des SED-Regimes in Sachen NS-Vergangenheit oder die Verharmlosung des Rassismusproblems in der DDR. Nein, vielmehr seien die unzureichende Liebe, Fürsorge und Zärtlichkeit der Eltern – vor allem der Mütter – sowie das Krippensystem die Ursache für Aggression und enthemmten rassistischen Hass. Dieser Diskurs kulminierte fast zehn Jahre später in der berüchtigten «Töpfchen-These» des westdeutschen Kriminologen Christian Pfeiffer, der behauptete, der Hauptgrund für rassistische Morde in Ostdeutschland sei «die autoritäre Erziehung der DDR», wobei die von Pfeiffer beklagte Überbetonung von Ordnung, Sauberkeit und Konformität ihren Ausdruck im Bild von gemeinsam «abtopfenden» Kleinkindern fand.[7]

Die Thesen von Pechstein, Maaz und Pfeiffer riefen heftige Reaktionen hervor, vor allem im Osten. Der Sexualwissenschaftler Konrad Weller bestätigte zwar, dass psychische Erkrankungen oft mit «elterlicher Erziehung und Sexualität» zusammenhingen. Dass diese Dynamiken in der DDR «systemspezifisch» und so weit verbreitet gewesen sein sollten, wie von Maaz behauptet, erschien ihm jedoch nicht nachvollziehbar. Maaz, so Weller, stütze sich auf eine «Galerie der Sozialismus-Mythen» und ignoriere dabei groß angelegte empirische Studien, die seine weitreichenden Behauptungen widerlegten.[8] Und auch gegen Pfeiffers kühne Töpfchen-These regte sich Widerstand. Bei einer Podi-

5 Hans-Joachim Maaz: Der Gefühlsstau. Ein Psychogramm der DDR, Berlin 1990, S. 25–33, 35, 37 ff., 46 ff.

6 Ebd., S. 167.

7 Christian Pfeiffer: Anleitung zum Haß, in: Der Spiegel vom 21.3.1999.

8 Konrad Weller: Das Sexuelle in der deutsch-deutschen Vereinigung, Leipzig 1991, S. 35, 39 ff.

umsdiskussion in Magdeburg verteidigte die CDU-Bürgermeisterin der kleinen Stadt Gerwisch die gemeinsame Zeit auf dem Töpfchen als dem Selbstbewusstsein zuträglich und verlangte polemisch und unter tosendem Applaus: «Nun erklären Sie uns ausführlich und in Gottes Namen, warum der Gebrauch von Pampers nicht nur vor nassen Hosen schützt, sondern auch vor kriminellen Karrieren!»[9]

Die Debatte war eine willkommene Gelegenheit, um die geschlechterkonservative Agenda der Krippenschließung umzusetzen. Für Kinder unter drei Jahren sank die Betreuungsquote in Ostdeutschland von 80 Prozent im Jahr 1989 auf 42 Prozent im Jahr 1994 und nur noch 32 Prozent im Jahr 1998.[10] Fiskalische Überlegungen einzelner Kommunen waren an dieser Entwicklung sicher nicht unbeteiligt: Viele der Krippen und Kindergärten in der DDR waren betrieblich organisiert. Mit der Umstellung auf die freie Marktwirtschaft und der Schließung vieler Betriebe erschienen die Kinderbetreuungseinrichtungen aus finanzieller Sicht nicht mehr tragbar.[11] Auch die Beschäftigung von Müttern wurde in den 1990er Jahren zu einem drängenden Problem. Mit dem Abbau von Arbeitsplätzen im Osten und dem Anstieg der Arbeitslosigkeit konkurrierten Frauen mit Männern um die wenigen verfügbaren Arbeitsplätze.[12] In diesem Zusammenhang diente die Rede von der unzureichenden Mutterliebe gleich zwei wirtschaftspolitischen Interessen, da sie versprach, die Kosten des Bundes für die öffentliche Kinderbetreuung zu senken und zugleich den Druck auf dem angespannten Arbeitsmarkt zu verringern. Angesichts der Wirkmächtigkeit solch fixer Ideen über Kinderkrippen und Mutterschaft jenseits der Mauer lohnt es, sich die DDR-Debatten über Kindererziehung genauer anzusehen und sie vor dem Hintergrund internationaler Entwicklungen zu verorten.

Erziehung zur Zärtlichkeit

Sozialistische Grundsätze und sozialpolitische Maßnahmen in der DDR förderten berufstätige Mutterschaft, was Mütter zwar einerseits erfolgreich in den Arbeitsmarkt integrierte und ihnen damit Unabhängigkeit vom männlichen Versorger verschaffte, sie aber andererseits aufgrund der wenig veränderten Verteilung

9 Dieter E. Zimmer: «Ein Kind ist schwer zu verderben, in: Die Zeit vom 15. Juli 1999; Stefan Dietrich: In der Löwengrube, in: F.A.Z. vom 12.3.1999.

10 Eva Schäffler: Paarbeziehungen in Ostdeutschland, Wiesbaden 2017, S. 266.

11 Rosemarie Nave-Herz: Die institutionelle Kleinkind-Betreuung in den neuen und den alten Bundesländern – ein altes, doch weiterhin hochaktuelles Problem für Eltern, in: Frauenforschung, Heft 4, 1991, S. 45–59, hier S. 50 f.

12 Silke Röbenach: Der lange Weg zur Einheit – Die Entwicklung der Arbeitslosigkeit in Ost- und Westdeutschland, Bundeszentrale für politische Bildung, 15. Oktober 2020.

der Hausarbeit oft mit der sogenannten «doppelten Schicht» von Lohnarbeit und Sorgearbeit belastete. Diese Politik war eingebettet in ein autoritär-repressives Gesellschaftssystem, das kaum Platz für individuell divergierende Lebensentwürfe ließ und zwischenmenschliche Beziehungen unweigerlich prägte. Dennoch: Im Rahmen dieser grundsätzlichen Einschränkungen lässt sich in der späten DDR eine Ideenvielfalt in Bezug auf Schwangerschaft, Geburt, Säuglingspflege und Kindererziehung feststellen, die nur schwer mit dem Bild der kalten, strengen und lieblosen DDR-Mutter vereinbar ist. Bereits im literarischen Feminismus vertraten Autorinnen wie Gerti Tetzner alternative Lebensmodelle, in deren Mittelpunkt innige und liebevolle Mutter-Kind-Beziehungen standen.[13] Frauen- und Friedensaktivistinnen in den 1980er Jahren war die Liebe zu ihren Kindern – vor allem der Wunsch nach einer friedensorientierten Erziehung und die Angst um ihre Zukunft angesichts von atomarer Bedrohung und ökologischer Krise – nicht nur im Westen ein Anliegen sich politisch zu organisieren.[14] Diese Ideenvielfalt war zudem nicht auf subkulturelle oder oppositionelle Milieus begrenzt, sondern lässt sich auch in offiziösen Quellen finden und ist nicht zuletzt im regen Austausch mit westlichen Erziehungsmodellen entstanden. Konzepte, die ihren Ursprung in Frankreich, den USA oder Westdeutschland hatten, wurden von ostdeutschen Autorinnen aufgegriffen, kritisch diskutiert und für den sozialistischen Kontext weiterentwickelt.

Das Bild der Mutter, das in der späten DDR entworfen wurde, kontrastiert mit dem Image der kalten ostdeutschen Mutter der 1990er. Anstatt zu emotionaler Disziplinierung wurden Mütter in der späten DDR zu einer liebevollen Beziehung zu ihren Babys und Kindern angehalten, vor allem in Form von direktem Hautkontakt. Unter dem Motto «Erziehung zur Zärtlichkeit» erklärte die populärwissenschaftliche Zeitschrift *Deine Gesundheit* 1988, es sei eine gesicherte Erkenntnis, «daß die liebevollen Hinwendungen zum Kind, Zärtlichkeiten, Berühren, Schmusen, Kuscheln wichtig für seine Entwicklung» seien. Dies beginne schon «mit dem ersten Atemzug und bleibt immer wichtig».[15] Wie in vielen Teilen der Welt gab es in der DDR seit Mitte der 1970er Jahre eine Aufwertung des Stillens gegenüber Babymilchpulver,

13 Gerti Tetzner: Karen W., 4. Aufl., Darmstadt 1989 [1974].

14 Zit. nach Bärbel Bohley: Einmal den Schritt in die Freiheit wagen, in: Almut Ilsen/Ruth Leiserowitz (Hg.): Seid doch laut! Die Frauen für den Frieden in Ost-Berlin, Bonn 2020, S. 47.

15 Liebe – Sexualität – Erotik – Geborgenheit – Kuß – Geburt, in: Deine Gesundheit, Februar 1988.

was den mütterlichen Körper ins Zentrum rückte und nicht zuletzt mit den globalen Auswirkungen des Nestlé-Skandals zu tun hatte.[16] Experten und Expertinnen aus Pädiatrie, Allgemeinmedizin, Gynäkologie und Psychologie betonten die Bedeutung nicht nur körperlicher Nähe und Zärtlichkeit in der Mutter-Kind-Beziehung, sondern warnten auch vor der starren Einhaltung von Schlaf-, Still- und Töpfchenzeiten. Sie orientierten sich stattdessen an einem «Mahlzeitenrhythmus nach Bedarf» und plädierten für «Geduld und Verständnis».[17]

Eine produktive Auseinandersetzung mit westlichen Diskursen und Praktiken rund um Kindererziehung und Mutterschaft lässt sich in der späten DDR an verschiedenen Orten beobachten. Besonders deutlich wird sie in einer Artikelserie zu den Themen Partnerschaft, Schwangerschaft und Mutterschaft, die 1986 in der Frauen- und Modezeitschrift *Sibylle* erschien. Die Ärztin Ursula Jung nahm hier in einem Artikel mit dem vielsagenden Titel «Im Mutterleib schon sensibel?» Bezug auf eine «psychoanalytisch orientierte Psychotherapie» – die Psychoanalyse in ihrer klassischen Form war in der DDR verboten –, um auf die pränatale «‹Erinnerungsfähigkeit› des Menschen» und damit auf die potenziellen Langzeitwirkungen und charakterformenden Effekte von vorgeburtlichen Erfahrungen hinzuweisen.[18] Anknüpfungspotential lieferte das Konzept der «sanften Geburt», das der französische Gynäkologe und Geburtshelfer Frédérick Leboyer entwickelt hatte und das von seinem Schüler Michel Odent in populären Büchern weiterverbreitet wurde.[19] In vielen alternativen und frauenbewegten Kreisen des Westens hatten sich Leboyers naturverbundene und technikskeptische Ansätze seit den späten 1970er Jahren herumgesprochen. Der ostdeutsche Mediziner Arndt Ludwig – einer von sechs Ärzten, die 1979 die Arbeitsgruppe für psychosomatische Gynäkologie und Geburtshilfe gegründet hatten – nahm Leboyers und Odents Impulse für eine «alternative Geburtshilfe» auf. Wie in einem ostdeutschen Echo des westdeutschen Trends zu einer betont emotionalen Innerlichkeit beschrieb Ludwig das zweite Drittel der Schwangerschaft als einen «Rückzug nach innen» und erklärte den Leserinnen und (auch den Lesern) der *Sibylle*, dass es im Verlauf der Geburt zu «einer Veränderung der Bewußtseinslage» komme, im

16 Siehe Verena Limper: Flaschenkinder, Köln 2021.

17 Prof. Dr. sc. med. Grauel: Stillen, in: Deine Gesundheit, Juli 1982, S. 218–220, hier S. 219 f.; Dr. med. Ursula Jung: Die erste Berührung, in: Sibylle, Nr. 6, 1986, S. 74–75; A. Dittmer/D. Gmyrek/B. Frank: Der Säugling, 7. Aufl., Berlin 1986.

18 Dr. Ursula Jung: Schon im Mutterleib sensibel?, in: Sibylle, Nr. 4, 1986, S. 74–75, hier S. 75.

19 Siehe Michel Odent: Die sanfte Geburt. Die Leboyer-Methode in der Praxis, München 1978.

Rahmen derer «das vernunftmäßige Denken» zurücktrete. In seinem Plädoyer gegen «Entfremdung» und «Technisierung» im Kreißsaal berief sich Ludwig auf die beiden französischen Geburtshelfer und vermeintliche Praktiken von «Naturvölkern». Aus diesem Grund setzte er sich nachdrücklich für «rooming-in» ein, um den «sofortige[n] intensive[n] Hautkontakt» zwischen Mutter und Kind herzustellen.[20]

Wie die Übernahme von im Westen populären Ansätzen aus Psychoanalyse und (alternativer) Medizin in diesem Bereich andeutet, gab es in der späten DDR eine Vielfalt von Ideen zum Thema Mutterschaft und Kindererziehung, die sich aus verschiedenen internationalen Einflüssen speiste. Selbstverständlich darf das Bemühen, Kindererziehung und Mutterschaft in der DDR in diese transnationalen Zusammenhänge einzuordnen, «nicht dazu führen, die Existenz oftmals rigider und autoritärer Praktiken» zu leugnen oder den grundsätzlich illiberalen Gesellschaftsentwurf der DDR zu negieren.[21] Erfahrungen von Zwang und Gewalt in und außerhalb der Familie gab es zuhauf. Nichtsdestotrotz sollte man die oft behauptete Systemspezifik im Umgang mit Schwangerschaft, Säuglingspflege und Kindererziehung in der DDR nicht ungeprüft hinnehmen. Medizinische, psychologische und kulturelle Ansätze in diesem Bereich wurden nicht isoliert vom Rest der Welt entwickelt und auf ihre Verwendungsmöglichkeiten im real existierenden Sozialismus abgeklopft, sondern ergaben sich aus dem Zusammenspiel mit internationalen Trends, die nicht am Eisernen Vorhang Halt machten.

Krippen und die Geographie des Kalten Krieges

Auch das gut ausgebaute Krippen- und Kindergartensystem der DDR, das es Müttern ermöglichte, einer außerhäuslichen Erwerbsarbeit nachzugehen, lässt sich nicht ohne den Beitrag internationaler Forschung und Gesundheitsrichtlinien denken. Sandrine Kott hat aufgezeigt, dass ostdeutsche Expertinnen und Fürsprecher des Krippensystems sich «ganz bewusst in eine weitgehend internationale Diskussion über Erziehung, Sozialisierung und persönliche Entfaltung der Kleinkinder» einklinkten und die Krippen nicht als «ostdeutsche Besonderheit» konzipiert, sondern in Annäherung an die «Krippenpolitik mancher westeu-

20 Dr. med. Arndt Ludwig: Schwangerschaft und Geburt, in: Sibylle, Nr. 5, 1986, S. 70–73, hier S. 70 f. Für einen Vergleich mit Westdeutschland siehe Marina Gambaroff: Utopie der Treue, Reinbek 1984.

21 Sandrine Kott: Die Kinderkrippe, in: Erinnerungsorte der DDR, hg. von Martin Sabrow, München 2009, S. 281–290, hier S. 289.

ropäischer Länder» entwickelt wurden. Das hing mit der komplizierten Geschichte der Krippen in Deutschland zusammen. Nachdem deren Zahl ab dem späten 19. Jahrhundert stetig angewachsen war, sorgte die Wirtschaftskrise in den 1920er Jahren bereits für eine Stagnation im Krippenausbau, und der Nationalsozialismus brachte sogar einen Rückgang solcher Einrichtungen. Nach dem Krieg konnten ostdeutsche Befürworter von außerhäuslicher Betreuung sich nicht mehr an dieser nun geschwächten «deutschen Tradition» ausrichten, sondern orientierten sich an westeuropäischen Ländern wie zum Beispiel Frankreich, das seit dem 19. Jahrhundert als «Land der Kinderkrippen» bekannt war. Kott zufolge wurden ähnlich wie in den westeuropäischen Ländern mit dem Ausbau der Krippen in der DDR sowohl die Integration von Frauen in den Arbeitsmarkt befördert als auch pädagogische Absichten verfolgt.[22] Selbst die konkrete Ausgestaltung der Erziehungsarbeit in den Krippen war maßgeblich international beeinflusst, wie die Anlehnung an WHO-Richtlinien zum Thema Wohlbefinden im Programm für die Erziehungsarbeit in Kinderkrippen von 1987 illustriert.[23]

Dass die westdeutsche Verranntheit in die kontinuierliche Anwesenheit der Mutter aus europäischer Perspektive eine Ausnahme darstellt, bestätigte Pechstein eher unfreiwillig. 1992 reagierte dieser außerordentlich skeptisch auf die neuen Empfehlungen der Europäischen Gemeinschaft (EG) zur Kinderbetreuung, die auf die Vereinbarkeit von Beruf und Familie abzielten. Pechstein warnte: Sollten die neuen EG-Empfehlungen angenommen werden, würde «die im alten Bundesgebiet gewachsene und schützenswerte soziale Kultur der innerfamiliären Kleinstkinderziehung radikal in Richtung auf das Krippensystem des untergegangenen SED-Staats verändert». Die Kinderbetreuung innerhalb der Familie zähle zu den genuinen deutschen Kulturtraditionen. Kindererziehung zu Hause sei daher, so Pechstein, ein «Merkmal der kulturellen Mitgift, die wir in Europa einbringen».[24] Die Hausfrau, die ihren Beruf aufgibt, um sich ganz der Familie zu widmen, war für Pechstein demnach die Mutter aller deutschen Identität – nicht zuletzt darin offenbart sich die Provinzialität des westdeutschen Ideals.

22 Ebd., S. 286 f., 289.

23 Karl Zwiener: Sicherung des Wohlbefindens der Krippenkinder, in: Heilberufe 39, Nr. 9, 1987, S. 350–352, hier S. 351 f.

24 Johannes Pechstein: Wachsamkeit gegen den schiefen Blick auf die Kinder, in: F.A.Z. vom 13.10.1992.

Dietmar Dath

Die sieben Affären der Doña Juanita

Der Fernsehroman im Sozialismus

«But the humanist's mistake is to suppose that politics is just lots and lots of ethics.»
Andrea Long Chu 2023[1]

Für Renate Blume

Die Heldin

Im Westen würde man sagen, die Frau sei auf Shopping-Tour. Männer und Buben staunen zwischen Schaufenstern über sie. Ihr Mantel glänzt, ein Drache wurde wohl dafür geschlachtet. Die Sonnenbrille unter der hellen Mütze ist um ein Winziges zu groß, genau richtig. Jetzt will die Frau wegfahren. Das Auto zickt. Kerle helfen. Sie lächelt. Ist sie technisch unbeholfen? In der nächsten Szene sitzt sie am Planbrett, sie arbeitet als Architektin. Ihr offenes Haar – dunkel, wir wissen nicht, ob schwarz oder braun, alles ist in Schwarz-Weiß gedreht – stört einen, der sich «Sicherheitsinschpektor» nennt (mit rischtig wischtigem «sch» vor dem «p»): «Kollegin, tragen Sie diese gefährliche Frisur auch auf der Baustelle?» Sie setzt einen Helm auf: «Bin ich jetzt keine Gefahr mehr für Sie, Kollege?»

Das ist die Tonart von Renate Blume als Anita N., Heldin des DDR-Fernsehvierteilers *Die sieben Affären der Doña Juanita* (1973). Inszeniert hat die Fernsehserie Frank Beyer nach dem gleichnamigen Eberhard-Panitz-Roman. Die Ausgangslage: Gerüchte am Arbeitsplatz behaupten, Anita alias Juanita habe den Tod «eines gewissen Sawallisch» verschuldet. Sie besteht auf einer Untersuchung, denn das Geschwätz untergräbt ihre Autorität als Fachfrau. Die Untersuchung wird zur Examinierung ihres gesamten bisherigen Liebeslebens, vom Inschpektor geleitet und vom großen Künstler Beyer in filmgrammatisch makellosem Rückschau-Schachtelsatzbau erzählt.

Beyers Größe erkennen auch Westmenschen an, weil an seinem Film *Spur der Steine* (1966) eine Repressionsgeschichte klebt und man in alles, was der Regisseur sonst geschaffen hat, eine in

1 Nach Andrea Long Chu: Likely People, in: dies.: Authority. Essays, New York 2025, S. 248.

der BRD erwünschte DDR-Dissidenz hineinlesen zu können meint. An Renate Blumes Größe hingegen schaut der Westblick meist vorbei. Was Beyer bei Doña Juanita entdeckt hat, lässt sich aber schwer übersehen, wenn man denn hinguckt. Als Studentin mit Kurzhaarfrisur und Mittelohrentzündung etwa leuchtet sie wie die um ein, zwei Grad wärmere Überblendung von Jean Seberg in Jean-Luc Godards *À bout de souffle* (1960) und Bibi Andersson in Ingmar Bergmans *Persona* (1966).

Kurz danach, in der praktischen Ausbildung, sagt sie dem Chef, der ihr einen Netzwerkplan anvertrauen will, mit der Offenheit von Sally Field in Martin Ritts *Norma Rae* (1979): «Ich habe so was noch nie gemacht.» Darauf muss der Chef nicht nur antworten: «Da sind wir beide in derselben Lage», sondern sich auch in sie verlieben. Bald wird sie von der Schülerin zur Lehrerin, die einen jungen Arbeiter mit Kosmonautenhorizont fördern will, dessen Arbeitsplatz sie ein «Dreckloch» nennt. An so einem Ort, sagt sie, ist sie «noch nie gewesen», genau wie sie zuvor als Lernende etwas «noch nie gemacht» hat.

Beyer filmt diese Frau, als hätte er noch nie eine gesehen.

Das Format

Die sieben Affären der Doña Juanita auf DVD ist meine Lieblingsserie. Ich bin damit nicht allein. Mehr als drei Jahrzehnte nach dem Tod der DDR begegnen mir, einem gebürtigen BRD-Bürger von Mitte fünfzig, im linken Kulturleben (am Rand von Veranstaltungen der Zeitung *Junge Welt* oder auf Treffen der SDAJ) immer wieder Leute, die zwar deutlich jünger sind als ich, aber das kennen und zu schätzen wissen, was Beyer und Blume und alle anderen Mitwirkenden (*special commendation:* Alfred Müller als Inschpektor) uns aus ihrem gelöschten Land hinterlassen haben.

Das tägliche Programm des Deutschen Fernsehfunks begann am 21. Dezember 1952. Ungefähr zehn Jahre später fand es seine wichtigste Spielgattung: den politischen «Fernsehroman». Das ging los mit historischen Stoffen wie im Zweiter-Weltkriegs-Brocken *Gewissen in Aufruhr* (1961). Die Genrebestimmung zum Gattungsnamen hängt jedoch nicht am streng Historischen, sie verlangt bloß längere Handlungszeiträume (statt Echtzeitsuggestion)

Abb. 1
«Kollegin, tragen Sie diese gefährliche Frisur auch auf der Baustelle?» Anita N. (Renate Blume) und der Inspektor (Alfred Müller). Szene aus dem DDR-Fernsehvierteiler «Die sieben Affären der Doña Juanita (1973)».

und eine gewisse gesellschaftliche Totalität (alle Klassen, mehrere politische Positionen). Die Fernsehroman-Ästhetik hat im narrativen Navigationssystem der DDR-Menschen tiefe Spuren hinterlassen. Man versteht unter anderem Christoph Heins im Frühjahr 2025 erschienenen Roman *Das Narrenschiff* leicht als nachgeholten Einspruch gegen Fernsehromane wie die 1979 zum dreißigsten Bestehen der DDR ausgestrahlte Serie *Die lange Straße* von Christian Steinke und Peter Wekwerth.

Der stockbiederen *Leipziger Volkszeitung* fiel seinerzeit die Dummheit ein, an *Die sieben Affären der Doña Juanita* herumzukritteln. Renate Blume, mit Ausnahme zweier Momente in Konrad Wolfs *Der geteilte Himmel* (1964) nie besser als in Beyers Vierteiler, musste sich den in jenem Blatt gedruckten Blödsinn von der Zeitschrift *Filmspiegel* bei einem Interview 1974 vorhalten lassen: Es fehle Anita an Psychologie, an innerem Ringen (Zerknirschung und Gefühlsausbrüchen), worauf die Göttliche ruhig und diplomatisch erwiderte, gewiss, das hätte man zeigen können, «aber dann wäre es ein anderer Film geworden», einer der Nabelschau und Innerlichkeit, ein kleinbürgerlicher, anstelle der euphorisierenden Dramatisierung von «Varianten des menschlichen Zusammenlebens», die Blume damit verteidigt, das Werk sei bei öffentlichen Vorführungen intensiv und beredt diskutiert worden, «wobei wir (die Filmleute) oft in den überfüllten Foren gar nichts mehr zu sagen hatten, weil sich die Leute untereinander aussprachen».

Menschen debattieren, konforme Medien mosern: Walter Ulbrichts Bemühungen um die Einbindung der schöngeistigen Intelligenz des Kleinbürgertums (samt seiner romantischen Kitschneigung) in den Aufbau des Sozialismus waren kaum erfolgreich.

Immerhin, die satirische Zergliederung kleinbürgerlicher Macken etwa in *Die lange Straße* (schön scheußlich: Karin Gregorek als Geldkatze) erreicht mitunter Balzac- und Dickens-Höhen. Aber Honecker wollte es gemütlicher und legte seinem Fernsehen den Rückbau ideologischer Kampfplattformen und -positionen aus der Ulbricht-Zeit nahe; Agitation fand er langweilig. Seine Taten wie die seines Overlords Breschnew lassen vermuten, dass diese beiden Politiker der Meinung gewesen sein müssen, man könne bröckelnde Loyalitäten in der Bevölkerung mit einer Kombination aus a) mittelmäßigen Konsumangeboten (über Westkredite, Joint Ventures, Helsinki-Vertrags-Wirtschaftseffekte), b) Repression und c) Unterhaltung stabilisieren. Die zwei Unglücksraben sind der lautesten Behauptung der Westwerbung auf den Leim gegangen, nämlich der Idee, Warenkram halte kapitalistische Gesellschaften zusammen. Soziale Kohäsion etabliert man aber nicht so, per Konsum, sondern über Perspektivisches («Ich werde eines Tages ...», «Wenigstens meine Kinder müssen dereinst ...»).

Als die Regierungen, die im Rat für gegenseitige Wirtschaftshilfe vertreten waren, in ihren Staaten die sozialistische Idee zusehends herunterspielten, den ideologischen Streit mit dem Kapitalismus nicht mehr suchten und stattdessen von Koexistenz und Frieden flöteten, entglitt ihnen die Perspektivarbeit, das heißt, sie fiel ins Private: Alle mussten sich selbst überlegen, wo sie hinwollten.

Jenseits der Westgrenze aber, wo es den Mercedes-Benz oder den VW gab, hatten Privatmenschen außer prima Autos noch den Bausparvertrag, BAföG und eine plausible Renten-Solidarordnung. Das sieht natürlich besser aus als ein verwaschener Lenin.

Im Stich gelassen haben die DDR und die UdSSR so gerade Leute, die sich in Beyers Anita hätten wiedererkennen können: lerneifrig, emanzipiert, fachlich stark, politisch neugierig, so rational wie leidenschaftlich, aber misstrauisch bis neidisch beargwöhnt von jenem Parteiklüngel, der es schon Ulbricht übel nahm, dass der sich dauernd mit Manfred von Ardenne besprach oder seine schützende Hand über den Biologen Hans Stubbe hielt, dem die DDR verdankt, dass der pseudowissenschaftliche, aus der Sowjetunion gesendete Hirnschrott des Lyssenkoismus sich in ihr nicht breitmachen konnte.

Was will der Chef denn dauernd mit diesen Technikmenschen?

Er mag gedacht haben, sie könnten mit Innovationen die Produktivität der DDR auf dem Weltmarkt geltend machen. Als dieses Projekt aufgegeben wurde, war auch die Zeit von Juanita vorbei – und die Zeit des aus der Arbeiterklasse stammenden, zum Fachmann ausgebildeten Chemikers, nach dem der Dieter-Noll-Roman *Kippenberg* (1979) wie der darauf basierende, hervorragende Fernsehroman aus dem Jahr 1981 von Christian Steinke (dem Co-Regisseur von *Die lange Straße*) benannt sind.

Na und? Wieso soll der Sozialismus sich für die Intelligenz interessieren, geht's ihm nicht ums Proletariat? Ein ganz besonderer Proletarier namens Meister Falk hätte sofort verstanden, was die Preisgabe jener Leute dem Sozialismus antut.

War Meister Falk ein Demokrat?

Wer war Meister Falk? Meister Falk war die beste Rolle des Schauspielers Wolf Kaiser, der eine Reihe schwierigster Rollen gemeistert hat, vom revolutionären Theologen in Martin Hellbergs *Thomas Müntzer – Ein Film deutscher Geschichte* (1956) bis zum unsympathischen Kapitalisten in *Ich – Axel Cäsar Springer* (1968 bis 1970) von Helmut Krätzig, Ingrid Sander und Achim Hübner. Man werfe Spencer Tracy, Mario Adorf und Robert De Niro in einen Topf, schütte einen Teelöffel Lenin dazu, umrühren: Fertig ist Wolf Kaiser als Meister Falk in Fernsehromanen wie *Meine besten Freunde* (1966 bis 1967) und *Zeit ist Glück* (1968). Der Gesamtzyklus, 2017 in der BRD als DVD-Box erschienen, heißt heute nach der von Benito Wogatzki erfundenen knorrigen Type, die ihn zusammenhält, schlicht «Meister Falk», und das

Thema so gut wie all seiner Abenteuer ist auf die eine oder andere Art die Grundfrage sämtlicher Sozialismusversuche im Effektfeld der Oktoberrevolution von 1917.

Ich meine damit die Frage nach Selbstregierung der Gesellschaft, verstanden als umfassende Produktionsselbstverwaltung, revolutionär entwickelt aus kapitalistischen Produktivkraft- und Produktionsverfahrensbeständen (weil Gesellschaften geschichtlich keine Phase kennen, wo sie wegen Umbau geschlossen werden können). Eine solche Produktionsselbstverwaltung erfordert die polytechnische Gesamtbildung aller und muss drei moderne Gesellschaftsbereiche miteinander verzahnen: 1. verwissenschaftlichtes Produzieren («Technik»), 2. dazu passende Produktionsverhältnisse («Ökonomie») und 3. eine über beides in vor- und außerökonomische Sozialbelange ausgreifende Einrichtung des Gemeinwesens («Politik»).

In diesem Dreieck war Meister Falk die ganze Zeit unterwegs: Ingenieure politisch zur Ordnung rufen, Parteileute mit technischen Fakten verhauen, beide auf Ökonomisches hinweisen und zwischendurch in die Kneipe.

Bei Marx und Engels gibt es zu der Frage, wie man das Dreieck meistert, kaum Ausführungsbestimmungen. Das gesellschaftliche Eigentum an den Produktionsmitteln setzen die beiden programmatisch voraus, das «Absterben des Staates» wird aus der sozialgeschichtlichen Bewährung dieser Eigentumsform deduziert.

Die kanonischen Texte über den ersten historischen Fall, in dem die Balance zwischen den drei genannten sozialen Aufgaben ernstlich angestrebt wurde, stammen also nicht von den Dioskuren. Sie stammen von Lenin und heißen *Wie soll man den Wettbewerb organisieren?* (verfasst zwischen 1917 und 1918, veröffentlicht 1929) und *Die große Initiative* (1919).

Die Wege, die man im Osten ausgehend von den Gedanken, die diese Arbeiten bestimmen, einschlagen musste, waren reich an Windungen. Heraus kam: Das metaphorische Fahrzeug Sozialismus kennt ein Gaspedal namens Wettbewerb (individualisierbar als «sozialistisches Leistungsprinzip») und ein Lenkrad namens «Zentralplan».

Obwohl nun von Walter Ulbricht und seinem Erich Apel bis zu Deng Xiaoping alle Machtfragen für die Mächtigsten in sozialistischen Staaten von nichts anderem handelten als der Vermittlung dieser Konzeption mit a) dem Weltmarkt und b) der globalmilitärischen Lage, ist die von Lenin eröffnete Debatte der heute geläufigen Historiografie kaum bekannt, die sich jenen Gesellschaften widmet. Der Sozialismus, so will es diese überwiegend entspannt antikommunistische Literatur, soll nicht die hier eben beschriebenen Probleme gehabt haben, sondern andere. Das beliebteste: die Demokratie. Das System, das 1917 entstand, habe sich, liest man, herb undemokratisch aufgeführt; daran sei es gestorben. Waren die Jahrtausende der Pharaonen- und der chinesischen Kaiserherrschaft Stabilitätserfolge von Demokratien? Nach Marx ist Demokratie eine soziale Form, während man die sozialen Inhalte besser bei den Klasseninteressen sucht. Wo nur die Form diskutiert wird, gibt es (anstelle einer Geschichte der Produktivkräfte und Produktionsverhältnisse) viel prozessuale Ideengeschichte.

Demokratie diskutiert, während man in anderen Formen lieber befiehlt.

Man kann mit Unerfahrenen das Rechnen diskutieren, oder man brüllt: «2 + 2 = 4, keine Diskussion!», und verhängt Strafen für Abweichler.

Über den Sachgehalt entscheidet das nicht.

Eine Demokratie der Bekloppten bewirkt Beklopptes. Eine Diktatur der Vernünftigen oft auch, wenn sie ihre Diktate Bekloppten diktiert, die sie dergestalt umsetzen, dass von der Vernunft nichts bleibt. Leider wird Vernunft überdies schneller müde als just die mächtigsten Sorten der Dummheit (denn Ordnung ist Aufwand).

Aus derlei Grundsätzlichem folgt nichts Historisches.

Das will deshalb je einzeln untersucht sein.

Alchimisten und Anti-Inflationsbefehle

Die Sowjetunion hat schon in frühester Kindheit unfreundliche militärische Besuche erlebt: England, die USA, die Türkei und Frankreich gesellten sich dabei zu Personen mit Namen wie Pilsudski und Wrangel samt ihren Heeren. Später kam Hitler. Alle wurden zurückgeschlagen. Ideengeschichte ist das nicht. Die DDR wiederum, die keine Invasionen abwehren musste, war nicht einfach ein Kontrollexperiment für den theoretischen Streit «Markt oder Plan», bei dem etwa die BRD die Marktseite vertreten hätte.

Manchmal wird erzählt, dass die DDR zwar schon 1950 drei Viertel des Industrieproduktionsvolumens erreicht habe, das in derselben Gegend 1936 zu finden war, und ihr erster Zweijahresplan sei ihr ganzer Stolz gewesen, aber im Westen sei es mit dem Wiederaufholen der alten Produktionsleistungen per Markt viel schneller gegangen.

Wie hätte die DDR planen sollen vor 1957, also vor dem Jahr, in dem die UdSSR sich verpflichtete, wenigstens den Grundrohstoffbedarf des SED-Staats zu decken, während vorher alles, was sich in der sowjetisch besetzten Gegend abbauen ließ, demontiert und mitgenommen wurde, zum Ausgleich der Zerstörungen weiter östlich?

Die USA hatte es nicht schwer, der BRD zu helfen. Kein Boston war je wie ein Leningrad behandelt worden. Nicht nur Produktivität ist in solchen Lagen ein Thema. Export ist nochmal ein spezielles. Ein Nationalstaat kann auch etwas auf den Weltmarkt bringen, was das Land dazu nie verlassen muss, Arbeitskraft zum Beispiel. Der hübsche, schlaue Film *Zwei zu Eins* (2024) von Natja Brunckhorst hat am Ende einen Schockmoment, als ein paar DDR-Werktätige nach dem Ende ihres Staates erkennen müssen, wie und warum sie gegen Devisen für den Westen geschuftet haben. Das kann solche Leute in der Realität freilich nur überrascht haben, wenn ihnen Riesendiskussionen zu Sorgen wie «Sollen wir Technik entwickeln, ex- oder importieren, in welchem Maß, wie genau?» komplett entfallen sind – Diskussionen, die in der DDR vor Millionenpublikum in *Kippenberg* (dem Buch wie dem TV-Mehrteiler), bei Meister Falk und in Wogatzkis Fernsehroman *Broddi* (1975) stattfanden.

Was ist, ein Beispiel, wenn zwar Anthrazit aus dem Westen mehr taugt als Anthrazit aus der Sowjetunion, aber die DDR für ihre Arbeit nur an die zweite Sorte kommt? So fragt Wolfgang Luderers Fernsehroman *Alchimisten* (1968) wie die ein Jahr ältere literarische Vorlage von Eduard Klein, es steckt eine Metapher drin, sie meint den Kampf um Arbeitskraftpreise mit der nichtsozialistischen Weltmarktkonkurrenz.

2 Cesare Pavese: Schriften zur Literatur, Hamburg/Düsseldorf 1967, S. 90.

Dieser Kontext ist heute kaum jemandem gegenwärtig. Selbst ein der gewissenhaften Vergangenheitsbetrachtung streng verpflichteter Autor wie Christoph Hein kann daher Sätze sagen wie: «Die Wirtschaftspolitik der DDR basierte auf der Grundannahme, dass man die Inflation per Befehl abschaffen könnte. Die Preise in der DDR wurden künstlich auf dem Niveau von 1944 konserviert, ob für ein Brötchen oder für die Miete einer Wohnung. Das konnte nicht gut gehen. Das war Narretei, die reine Dummheit.»

So hat es der Schriftsteller am 4. April 2025 dem *Spiegel* erzählt. Das Interview hat den Sinn, ihn nach dem Hintergrund von *Das Narrenschiff* auszuforschen. Das Buch erzählt von DDR-Lebensläufen, deren Gesamtheit «ein einziger Friedhof gescheiterter Pläne, erlittener Wirklichkeit und ‹gestutzter Flügel›»[2] gewesen ist. Die betrogenen und im Selbstbetrug ruinierten Menschen, die Hein vorstellt, haben ihre Selbstverlusterfahrungen in einer Gegend machen müssen, die Hein als Entfremdungs- und Anomiestätte, als Knast auch des Opportunismus schildert. Sie war aber natürlich nicht der einzige Ort, wo Menschen so gelitten haben – das von mir soeben zitierte traurige Wort vom «einzigen Friedhof» zum Beispiel stammt aus einer Betrachtung, die Heins Kollege Cesare Pavese über den Verszyklus *Spoon River Anthology* von Edgar Lee Masters aus dem Jahr 1915 verfasst hat, in dem recht alte amerikanische, nicht deutlich jüngere ostdeutsche Zustände beschrieben sind.

Will man nun aus diesem Umstand schließen, dass das, was Masters 1915 vor Augen hatte, von verfehlter Inflationsbremsenpolitik verursacht worden war, liegt man offenkundig daneben. Aber wenn es Leuten da, wo diese Politik nicht stattfand, ganz ähnlich ging wie da, wo es sie gab, kommt man dann nicht zu flach fatalistischen, quasi-anthropologischen Gemeinplätzen der Sorte: «Das ist halt das Leben, egal, wer jeweils auf welche Art regiert und wirtschaftet»?

So spricht ein kraftloser Mitgefühlshumanismus, den Andrea Long Chu mit der Bemerkung abgefertigt hat, die diesem Text von mir das Motto schenkt. Den Klassenstandpunkt dieses Humanismus hat Peter Hacks benannt: Kleinbürger nannte er Menschen, «die historische Tendenzen immer nur in Form unanwendbarer Abstraktionen begreifen»[3] – Abstraktionen, zu denen manchmal auch Fachbegriffe wie «Inflation» gehören.

Was ist das, Inflation? An jeder mittelgroßen deutschen Provinzuni finden wir 2025 leicht Menschengruppen, die darüber intern sofort in Streit geraten, weil die einen Liberale sind, die anderen auf *Degrowth* setzen und wieder andere die *Modern Monetary Theory* lieben, welchen weitere widersprechen, die auf *frictionless markets* hoffen.

Heins Formel von der «Abschaffung der Inflation per Befehl» sagt, gemessen am Niveau, das die Debatte heute hat, nicht mehr als die olle Parole: «Sozis können nicht mit Geld umgehen.»

Das laste aber niemand dem Schriftsteller an.

Denn es ist, derb ironischerweise, selbst eine DDR-Spätfolge.

Die SED hatte immer weniger Lust, das ihrer Ansicht nach Nötige auf sozioökonomischer Ebene klar zu kommunizieren, und was dann hängenbleibt, sagt die Formel.

«Die Wirtschaftspolitik der DDR», von der Hein dabei redet, war in Wahrheit alles andere als über die Gesamtlebensdauer jenes Staates hin einheitlich.

Walter Ulbricht wollte sich teure neue Wohnbauten noch von gut bezahlten Fachleuten finanzieren lassen, die drin wohnen sollten. Honecker gab diesen Wohnraum dann nach der leicht als «unanwendbare Abstraktion» missverstehbaren Losung «Einheit von Wirtschafts- und Sozialpolitik» an Leute, die man im Westen «sozial Schwache» genannt hätte (siehe dazu den Desillusionsroman *Anne Willing* des BRD-Bürgers André Müller Senior aus dem Jahr 2007). An diese hypersozialstaatliche Praxis erinnert sich nun Hein so, als wäre das eine reine Inflationsblockade gewesen (ein altes Lied; die Brotpreisgeschichte der Französischen Revolution ist ein Urmuster).

Am Ende des Sozialismus sowjetischen Typs standen dann Gorbatschows berühmte Experimente der Marke «Lenken mit dem Gaspedal» und der Totalschaden. Das Welträtsel Inflation aber ist bis auf Weiteres als weder vom Keynesianismus noch vom Neoliberalismus hinreichend gelöst zu betrachten. Dem Sozialismus kam das allerdings kaum zugute. Zeitlebens war er nämlich nicht nur geographisch, sondern auch ideologisch eingekreist: Der liberalen Kritik seiner autoritären Sozialstaatlichkeit

3 Nach Peter Hacks: Die Maßgaben der Kunst, Berlin 2010, S. 108.

stand an einer anderen Front eine linksradikale seiner mangelnden Kühnheit gegenüber, die sich beschwerte, man habe die Warenproduktion in den RGW-Staaten nie beseitigt. Die Linie dieser Rede reicht von Charles Bettelheim über Robert Kurz bis zu Paresh Chattopadhyay; es fragt sich nur, ob eine Warenproduktion, die so weitreichende Einschränkungen der Marktfreiheit für Arbeitskraft enthält wie jene dort und damals, noch eine ist (die Liberalen sehen das nicht so).

Mit kritischen Fronten nicht genug, gab es obendrein auch noch die harmonisierende, also den ganzen Konflikt einfach wegtheoretisierende Rede von der «Konvergenz» der Systeme des Westens und des Ostens (was von sozialistischer Seite dagegen zu sagen wäre, hat Günther Rose schon 1973, in Juanitas Jahr, unter dem Titel *Industriegesellschaft und Konvergenztheorie* aufgeschrieben).

Aber weder die Angriffe noch die Konvergenzlehre haben das letzte Wort behalten; der Sozialismus sowieso nicht. Ich habe die Positionen hier aber versammelt, damit man an diesem Dekor den geschichtlichen Raum erkenne, in dem der Bildschirm steht, dessen Flimmern wir uns fürs Finale wieder zuwenden wollen.

Warum und zu welchem Ende?

Ist die letzte Folge von *Die sieben Affären der Doña Juanita* das Beste, was Film und Fernsehen der DDR hervorgebracht haben? Ich weiß es nicht. Ich kenne nur ein paar hundert Stunden Film und Fernsehen der DDR, darunter die meisten Fernsehromane. Aber ich halte es für wahrscheinlich, dass Beyers und Blumes Schluss sich nicht übertreffen lässt.

Zum Anfang dieses Endes steigt Armin Mueller-Stahl als Sawallisch quicklebendig durchs Fenster seiner eigenen Wohnung. Er findet Anita schlafend im Wohnzimmer. Sie ist seine Weisungsbefugte und wollte mit ihm ein paar Takte reden, hat ihn aber am Silvesterabend nicht daheim angetroffen. Die ganze Nacht über kamen und gingen Leute, und im Gespräch mit ihnen hat Anita den Mann so gut kennengelernt wie nur je irgendein Publikum die bestkonstruierte Figur. Um das zu verarbeiten, ruht sich die Chefin aus. Der Arbeiter erscheint.

Er macht Frühstück. Das Radio erzählt von sozialistischen Bündnissen. Ein neues Jahr hat angefangen. Das Haus ist eingeschneit. Anita wacht auf. Sawallisch bietet ihr Tee an. Folgerichtiger als der Kuss kurz danach war in der Kunstgeschichte nicht vieles.

Dieser sinnlich stärkste Teil der Serie setzt Intensitäten frei, vor denen die Hemmungen und Verklemmungen des kleinbürgerlichen Bewusstseins großer Teile der DDR-Presse in Ohnmacht hätten sinken müssen. Aber dieser Teil der Serie ist zugleich mehr als eine sinnliche, nämlich beinah schon eine übersinnliche Veranstaltung: Es treten darin schließlich, exklusiv für den Inschpektor, alle anderen Bekanntschaften der Heldin als Geister auf. Er kennt sie von der Untersuchung her: den ehemaligen Unidozenten der Heldin; den früheren Vorgesetzten und Ausbilder; den Physiker und Vater von Anitas Kind; den Künstler (eine der schönsten Ideen der Serie: Anita hat diese Affäre gar nicht mit dem Kerl, sondern mit seiner Arbeit, mit der Kunst); den Kosmonautenträumer und endlich den Idealarbeiter. Sawallisch, der Letzte der Reihe, bringt den Inschpektor fast aus dem Konzept. Denn das Bündnis von Arbeit und Intelligenz, für das jener steht, kann der Prüfer, der längst hofft, Anita lieben zu dürfen, mit nichts übertreffen.

Was hat er schon zu bieten? Nur Politik.

Wie geht sie also aus, diese Geschichte der alleinerziehenden Intellektuellen und erotisch anspruchsvollen Heldin?

Der Inschpektor kann bügeln.

Die Geschichte geht gut aus.

Die heutigen Fans des DDR-Fernsehens wissen, dass der Frauenalltag der DDR in *Die sieben Affären der Doña Juanita* nicht einfach wahrheitsgemäß abgebildet wird. Diesen Menschen ist klar, dass Fiktion keine Autorität bei der Vermittlung der Realität ist.

Aber bei der Vermittlung von Haltungen ist sie die höchste.

Der Fernsehroman schuf Maßstäbe, nicht Tatsachen.

Wie soll man die Wirtschafts- und Sozialgeschichte, die Ideen- und Militärgeschichte, die Ereignis- und Streitgeschichte der menschlichen Emanzipation von naturwüchsigen Entfremdungszuständen im Sozialismus erzählen?

Anita gibt die richtige Antwort: als Liebesgeschichte.

Bildnachweis:
Abb. 1: © DRA/Günther Marczinkowsky.

Martin Sabrow

Honecker in Chile

Der Weg des gestürzten SED-Generalsekretärs Erich Honecker nach Chile begann in Lindow bei Neuruppin. Dort hatte DDR-Ministerpräsident Modrow dem seit dem Auszug aus der Waldsiedlung Wandlitz wohnungslosen und provisorisch unter dem Dach der evangelischen Kirche im Haus des Lobetaler Pfarrers Uwe Holmer untergekommenen Ehepaar Honecker im März 1990 ein Gästehaus der Regierung zur Verfügung gestellt. Doch von einer aufgebracht vor dem Haus versammelten Menschenmenge in ihrer Sicherheit bedroht, mussten die beiden das Gästehaus nach nur einer Nacht fluchtartig wieder verlassen und nach Lobetal zurückkehren. Aus ihrer prekären Lage befreite sie wenige Wochen später die Rote Armee.

Das Ehepaar erhielt ein Quartier im sowjetischen Militärhospital Beelitz, das gut abgeschirmt auf einem abgesperrten Militärgelände in den brandenburgischen Wäldern hinter Potsdam liegt, während gleichzeitig die DDR-Staatsanwaltschaft ein Ermittlungsverfahren anstrengte, das sich zunächst nur auf den Tatbestand «Vertrauensmissbrauch», also Korruption und Untreue, richtete, im August 1990 aber um den Verdacht des mehrfachen Mordes erweitert wurde und nach der deutschen Wiedervereinigung zu einem Haftbefehl führte. Dessen Vollstreckung verhinderte zwar die sowjetische Militärführung, aber da die russische Seite zuvor im Rahmen der Zwei-plus-Vier-Verhandlungen darauf verzichtet hatte, für Honecker Straffreiheit zu fordern, erwies sich auch die Beelitzer Enklave angesichts des kommenden Abzugs der Roten Armee aus Deutschland als zunehmend unhaltbar, zumal das Berliner Kammergericht Anfang März 1991 eine Haftbeschwerde Honeckers verwarf. Mit stillschweigendem Einverständnis des Bundeskanzlers Helmut Kohl, aber ohne Wissen der brandenburgischen Landesregierung[1] und auch ohne Kenntnis des darüber empörten Bundesjustizministers Klaus Kinkel[2] wurden die Honeckers am 12. März 1991 mit einem Hubschrauber zum sowjetischen Militärflugplatz Sperenberg gebracht und tags darauf nach Moskau ausgeflogen.

«Er wird nicht wiederkommen», titelte der *Spiegel* und wusste auch, dass die sowjetische Seite ihre anschließend prompt erfolgte Zustimmung zum Zwei-plus-Vier-Vertrag davon abhängig gemacht hatte, dass Honecker auf keinen Fall vor deutschen Ge-

1 Mitteilung des damaligen brandenburgischen Justizministers Hans-Otto Bräutigam an den Vf., 30.6.2021.

2 Mitteilung von Klaus Kinkel an den Vf., 1.12.2014.

richten zur Verantwortung gezogen würde.[3] Niemand hätte sich damals vorstellen können, dass der einstige SED-Generalsekretär diesen Schutz des Staates, dem er sein ganzes politisches Leben lang auf das Engste verbunden war, einmal verlieren könnte. Aber genau so kam es: Der Zerfall der Sowjetunion raubte Honecker das politische Asyl. Gorbatschow selbst ließ ausdrücklich erklären, dass der flüchtige Repräsentant der gescheiterten SED-Diktatur sich nicht als Gast des sowjetischen Präsidenten in Moskau aufhalte, während das Honecker stützende Lager der konservativen Reformgegner mit dem gescheiterten Putsch gegen Gorbatschow im August 1991 seine Machtbasis verlor. Noch im selben Monat verbot Boris Jelzin, der im Juni des Jahres gewählte Präsident der Russischen Teilrepublik, die KPdSU auf ihrem Hoheitsgebiet, und parallel zur Auflösung der Sowjetunion überbrachte der russische Justizminister Fedorow persönlich Erich Honecker die Verfügung der russischen Regierung, dass der ehemalige SED-Chef das Land binnen drei Tagen zu verlassen habe oder gewaltsam an die Bundesrepublik überstellt werde.

Aus dieser Lage rettete ihn vorerst der chilenische Botschafter Clodomiro Almeyda, der Jahrzehnte zuvor unter Salvador Allende als Außenminister diplomatische Beziehungen zur DDR hergestellt hatte und nach dem Staatsstreich Augusto Pinochets im September 1973 dorthin auch ins Exil gegangen war. Almeyda selbst befand sich am 11. Dezember 1991 außer Landes zu einer Konsultation bei seiner Regierung in Santiago, als seinen Geschäftsträger in Moskau José Miguel Cruz ein Anruf der Botschaftergattin Irma Cáceres erreichte, die ihn dringend zu sich bat: «Es war bereits dunkel und verschneit, als Cáceres Cruz in der Botschaft – die auch eine Residenz war – mitteilte, dass sie Erich und Margot Honecker hereingelassen habe, weil ‹dies mein Zuhause ist›.»[4]

Ein vorbereiteter Coup: Einige Wochen zuvor war Margot Honecker aus familiären Gründen selbst nach Chile geflogen, und es liegt auf der Hand, dass sie bei der Gelegenheit über den der DDR seit seiner eigenen Exilzeit tief dankbaren Botschafter Almeyda sondiert hatte, ob der Andenstaat das in Moskau gestrandete Ehepaar aufnehmen würde. In jedem Fall schuf das Handeln von Almeydas Frau, die wie er selbst ehemals in der

3 «Er wird nicht wiederkommen». Die heimliche Ausreise des einstigen DDR-Staats- und Parteichefs Honecker mit einer sowjetischen Militärmaschine hat die Bundesregierung empört und erleichtert: Zum einen haben die Sowjets das Völkerrecht verletzt. Andererseits sind die Bonner – so ein Kabinettsmitglied – froh, «daß wir die Sache vom Halse haben», in: Der Spiegel vom 17.3.1991.

4 Matias Bakit/Juan Pablo Guzmán: Ex lider de la RDA: A 30 años de la operación para traer Honecker a Chile, in: Mercurio vom 15.1.2023.

DDR Asyl gefunden hatte, ein *fait accompli*, das die chilenische Regierung nicht rückgängig machen konnte, obwohl es sie in der eigenen Übergangszeit von der Militärdiktatur zur Demokratie in außenpolitische Turbulenzen brachte. Während das Ehepaar Honecker in einem Nebenzimmer Tee trank, kam aus Santiago die Anweisung, dass der eigentlich unter Hausarrest stehende und mutmaßlich von der Botschaftsgattin selbst mit einem Diplomatenwagen in die Botschaftsresidenz gebrachte Erich Honecker mit seiner Frau nicht als Asylbewerber, sondern als «Gäste» zu betrachten seien. Mit diesem Rückgriff auf eine völkerrechtlich gar nicht existente Rechtskategorie suchte die chilenische Regierung Zeit zu gewinnen, hielt aber daran fest, dass eine Aufnahme Honeckers an die Zustimmung Moskaus und Berlins geknüpft sei, wie Almeyda selbst öffentlich klarstellte: «Auf die Frage der Presse nach einer eventuellen und bevorstehenden Reise von Herrn Honecker nach Chile hat diese Botschaft geantwortet, dass die bekannte Position unserer Regierung, wonach für die Einreise ein gültiger deutscher Reisepass erforderlich ist, ohne weitere Bedingungen unverändert bleibt.»[5] Einen bundesdeutschen Pass aber besaß Erich Honecker so wenig wie ein Ausreisevisum der Moskauer Behörden.

Auf diplomatischer Ebene hätte der Plan aufgehen können, doch war die Entwicklung der öffentlichen Meinung nicht hinreichend in Rechnung gestellt worden. Denn in Deutschland gewann die Forderung nach einer Rücküberstellung des flüchtigen Diktators mit jedem Tag an Nachdruck, mit dem die strafrechtliche Aufarbeitung des DDR-Unrechts vorankam und in den sogenannten Mauerschützen-Prozessen erste Urteile gegen ehemalige Grenzsoldaten fielen, während ihr oberster Dienstherr sich seiner Verantwortung im Moskauer Exil hartnäckig entzog. Die chilenische Vermittlungsposition verlor damit schrittweise an moralischer Legitimation und stützte sich bald nur mehr auf die Schwere von Honeckers Erkrankung. Sie allein gab dem von chilenischer Seite vertretenen Argument Gewicht, dass eine Auslieferung an die deutsche Justiz eine unbillige Härte darstellen würde.

Doch diese Sprachregelung verlor kurz darauf jede Plausibilität, als die chilenische Seite sich in diesem Spiel der verdeckten

5 Telex Reservado Urgente Nr. 540, Gobierno de Chile, Embaja en Federación Rusa, Moscú, 2.12.1991, zit. nach Christián Medina Valverde/Gustavo Gajardo Pavez: De apátrida errante a vecino santiaguino. El Caso Honecker desde las fuentes oficiales (1991–1994), Universidad Católica de la Santísima Concepción, Chile, 2015, https://www.redalyc.org/journal/898/89850570010.

Karten eine ungewollte Blöße gab. In Sorge um den sich verschlechternden Gesundheitszustand ihres ebenso prominenten wie fatalen Gastes drängte die Botschaft auf eine gründliche medizinische Abklärung. Honeckers Furcht, das Botschaftsgelände zu verlassen, konnten die Chilenen unter Berufung auf eine ausdrückliche Rückkehrgarantie des russischen Präsidenten Jelzin selbst zerstreuen; Honecker willigte ein, sich in die diplomatische Abteilung des renommierten Botkin-Krankenhauses verlegen zu lassen. Tatsächlich hielt die russische Seite Wort und ließ Honecker am 3. März 1992 unbehelligt in die chilenische Botschaft zurückkehren. Und doch hatte der Patient in diesem Fall das bessere Gespür als seine südamerikanischen Helfer. Denn er brachte neben einer von der chilenischen Regierung übernommenen Kostenrechnung in Höhe von 4369 US-Dollar einen überraschenden Diagnosebericht mit: Während eine vorausgegangene Untersuchung im Moskauer Burdenko-Krankenhaus Honecker neben einer metastasierenden Krebserkrankung noch weitere Leiden wie Nierensteine, Nierenzysten und ein Prostataadenom attestiert hatte, bescheinigte der Arztbrief des Botkin-Krankenhauses dem Neunundsiebzigjährigen, er habe «keine Beschwerden oder Krankheiten».

Der Befund stellte eine politisch motivierte Falschaussage dar. Er führte dazu, dass die Zug um Zug gesetzten Steine des diplomatischen Spiels vom Brett gefegt wurden. In Deutschland zwang die Empörung über den vermeintlichen Simulanten, der sich hartnäckig aus der eigenen Verantwortung stehle, die deutsche Regierung, sich jeder Nachgiebigkeit zu entschlagen und apodiktisch Honeckers Überstellung zu fordern. Sie wurde in dieser kompromisslosen Haltung durch den Umstand bestärkt, dass das Berliner Landgericht im Mai 1992 Mordanklage gegen Honecker erhob. Aber auch in Chile kam es zu einem Stimmungswechsel, der dazu führte, dass Botschafter Almeyda abgelöst wurde. Letzte gesichtswahrende Bemühungen eines nach Moskau beorderten Sondergesandten scheiterten – am Ende hob die chilenische Botschaft Honeckers Gastrecht auf. Am 29. Juli 1992 wurde der flüchtige Staatschef a. D. gegen seinen ausdrücklichen Protest an russische Sicherheitskräfte übergeben und ungesäumt in ein schon bereitstehendes Flugzeug nach Deutschland gesetzt, um nach der Landung in Berlin-Tegel den deutschen Behörden übergeben zu werden, die ihn umgehend festnehmen und in die Haftanstalt Berlin-Moabit zu bringen hatten. Seine Frau begleitete ihn nicht, sondern hatte abermals den Flug nach Südamerika angetreten. Dort lebte bereits seit über zwei Jahren die gemeinsame Tochter Sonja, die zwanzig Jahre zuvor in der DDR den Chilenen Leonardo Yáñez Betancourt kennengelernt und 1974 geheiratet hatte. Leo Yáñez hatte sich 1973 in Chile bei der Vorbereitung der Parlamentswahlen engagiert und war nach dem Putsch in unmittelbare Lebensgefahr geraten, als er mit anderen Studenten und dem kurz darauf ermordeten Sänger Victor Jara im «Estadio Chile» interniert wurde. Mit Zutun Erich Honeckers, der Staatssicherheitsminister Erich Mielke mit der Rettung seines Schwiegersohnes beauftragte, gelang es, Leo Yáñez freizubekommen und per Schiff nach Europa zu bringen, wo er wie fünftausend weitere verfolgte Chilenen Asyl in der DDR erhielt. Dass er 1987 das Recht auf Rückkehr erlangt hatte, nutzte die Familie Honecker-Yáñez drei Jahre später, um Ostdeutschland im März 1990 hinter sich zu lassen und in die chilenische Hauptstadt überzusiedeln, wo sie fortan ein einfaches Holzhaus in der Straße Los Almendros im Stadtteil Ñuñoa bewohnte.

Auf den kranken Ex-Diktator hingegen wartete ein von großem öffentlichem Interesse begleiteter Strafprozess. Unmittelbar nach Rückkehr und anschließender Inhaftierung wurde bei Honecker ein raumgreifender Leberkrebs von hoher Aggressivität diagnostiziert, der das Gerichtsverfahren zu einem Wettlauf mit dem Tod machte. Zwar vermochte Honecker seine Kräfte im Dezember 1992 noch zu einer kämpferischen Erklärung zusammenzunehmen, in der er seine historische Rolle selbstbewusst verteidigte; aber das weitere Verfahren geriet zu einer öffentlich ausgetragenen Auseinandersetzung über Honeckers restliche Lebenserwartung, die ein Gutachter im Dezember 1992 mit drei bis sechs Monaten veranschlagte. Es dauerte dennoch mehrere Wochen, bis das Landgericht am 12. Januar 1993 einer von Honecker eingereichten Verfassungsbeschwerde folgte und das Verfahren einstellte.

Tags darauf verließ der todkranke Honecker die Haftanstalt Moabit als freier Mann, und bevor noch eine Beschwerde der

Berliner Staatsanwaltschaft greifen konnte, saß er bereits in einer Boeing 747, die ihn via Frankfurt am Main nach São Paulo flog, von wo aus er mit einer anderen Maschine weiter nach Santiago de Chile reiste. Dass er sich am Ende des am Rande der Rechtsstaatlichkeit geführten Prozesses so rasch allen Weiterungen entziehen konnte, verdankte Honecker unter anderem einem in Deutschland gebildeten Solidaritätskomitee von Altkommunisten, das ihm das Flugticket beschafft hatte und ihn auf seinem Flug begleitete.

Auf dem Flughafen von Pudahuel empfing den einstigen Staatschef der DDR ein nach Hunderten zählendes Empfangskomitee mit der ehemaligen Untergrundkämpferin und späteren Präsidentin der KP Chiles Gladys del Carmen Marín Millie an der Spitze. In seinen Dankesworten zeigte Honecker nach dem Bericht des chilenischen Altkommunisten Luis Corvalán die Haltung eines Mannes, «der sich aufrecht und tapfer hält», aber keine politische Ambition mehr verfolgt.[6] Zu dieser Haltung bewog ihn allerdings nicht zuletzt sein prekärer Rechtsstatus: Der Emigrant Erich Honecker kam nicht als Asylsuchender nach Chile, sondern mit einem Touristenvisum, das bis zu seinem Tod immer wieder stillschweigend verlängert wurde.

Ihm blieben ein Jahr, vier Monate und fünfzehn Tage bis zu seinem Tod, und diese Zeit verbrachte er ungeachtet der auch in Chile entstandenen Solidaritätsbewegung in Zurückgezogenheit. «Während seines Aufenthalts in Chile besuchte ich ihn relativ häufig», schrieb Corvalán rückblickend. «Ich habe ihn nie niedergeschlagen erlebt wegen seiner Krankheit, von der er genau wußte, daß sie tödlich war, und er redete nie über die schweren Tage des Zusammenbruchs der DDR [...]. Ich sah ihn nur interessiert, immer mehr über Chile zu erfahren und uns über die Situation in Deutschland auf dem Laufenden zu halten.»[7]

Ungeachtet seiner hagiographischen Tönung unterstreicht Corvaláns Zeugnis, dass Erich Honecker sein politisches Leben mit seiner einem Testament gleichkommenden Rede vor dem Berliner Landgericht im Dezember 1992 abgeschlossen hatte. In Chile begab er sich zunächst in eine Privatklinik und bewohnte dann zusammen mit seiner Frau ein 110 Quadratmeter großes Einfamilienhaus mit fünf Zimmern in einer Wohnanlage

6 Luis Corvalán: Gespräche mit Margot Honecker, Berlin 2001, S. 119.

7 Ebd., S. 17.

mit acht Einheiten in La Reina, das ihre Tochter Sonja in der Zwischenzeit erworben hatte. Das Anwesen bildete eine nicht einsehbare *gated community* und wurde von einem Pförtner bewacht. Honecker verließ das Haus zunächst täglich für einen kurzen Morgenspaziergang und hielt sich ansonsten überwiegend im Haus auf. Bei Behördengängen und medizinischen Terminen begleitete ihn der zweiundzwanzigjährige Diego Aguirre, ein von Leo Yáñez vermittelter persönlicher Assistent, der seine Schulzeit in der DDR verbracht hatte und dem des Spanischen unkundigen Honecker die Eingewöhnung nach Kräften zu erleichtern suchte.

Weit brachte es der dafür nicht mehr gerüstete Greis darin allerdings nicht. Paparazzi umlagerten häufig das Haus und versuchten, einen Schnappschuss des exilierten Staatschefs a. D. zu ergattern; die auf diese Weise entstandenen Fotos zeigen einen unscheinbar wirkenden alten Mann im heimischen Garten, der in linkischer Haltung gleichsam neben sich zu stehen schien. Besuch empfing er nur gelegentlich – zumeist von Mitgliedern kommunistischer Befreiungsbewegungen wie der palästinensischen PLO, der nicaraguanischen FSNL oder des südafrikanischen ANC. Honeckers Enkel Roberto, der diese Beobachtung festhielt, vermutete, dass bei dieser Gelegenheit die Honeckers auch finanzielle Unterstützung für ihren Lebensunterhalt erhielten. Zum sechsundsechszigsten Geburtstag seiner Frau hielt Honecker eine Ansprache, in der er seine Treue zur sozialistischen Sache beschwor und die DDR als bleibenden Entwurf einer gerechten Gesellschaft pries. Sein Assistent und Übersetzer Aguirre relativierte die Wirkung dieser öffentlichen Intervention allerdings: «Erich hielt eine kleine Rede, wobei er, durch seine Krankheit geschwächt, mehr nuschelte als üblich und kaum einen Punkt setzte.»[8] Weitere öffentliche Einlassungen vermied Erich Honecker, wie rückblickend auch die chilenische Presse anmerkte: «In Chile hielt er sich bedeckt, pflegte aber seine Verbindungen zu Teilen der lateinamerikanischen Linken.»[9]

Im November 1993 erlitt Honecker infolge seines rasch fortschreitenden Krebsleidens einen Zusammenbruch, von dem er sich nicht mehr erholte. Auf diese drohende Entwicklung war der moribunde Patient von seinem aus einer chilenischen Diploma-

8 Zit. nach Roberto Yáñez/Thomas Grimm: Ich war der letzte Bürger der DDR. Mein Leben als Enkel der Honeckers, Berlin 2018, S. 190.

9 Pedro Schwarze: Muere Margot Honecker, la dama de hierro de la RDA, in: La Tercera de la Hora vom 6.5.2016.

tenfamilie mit DDR-Verbindung stammenden Hausarzt Miguel Puccio – sein Vater war Allendes Privatsekretär gewesen – allerdings bereits bei seiner Ankunft in Chile vorbereitet worden. Bis zuletzt im eigenen Haus gepflegt, starb Erich Honecker am 29. Mai 1994. Zu seiner Trauerfeier auf dem Zentralfriedhof von Santiago de Chile versammelten sich mehrere tausend Trauergäste, von denen viele den Trauerzug mit Dankbarkeit für den Mann begleiteten, der ihnen nach dem Putsch gegen Allende Zuflucht in der DDR gewährt hatte. Als am 6. Mai 2016 und fast ein Vierteljahrhundert nach ihrem Mann auch Margot Honecker ihr Leben beschloss, war die Trauergemeinde schon deutlich geschrumpft, obwohl sie anders als ihr Mann an der politischen Entwicklung in der Welt aktiv teilgenommen und mit zahlreichen öffentlichen Interventionen ihr unbeirrtes Eintreten für die DDR und eine sozialistische Alternative zu den herrschenden Verhältnissen bis zuletzt kundgetan hatte. Nur wenige Verwandte und Bekannte seien gekommen und darunter auch einzelne Vertreter der KP Chiles, erinnert sich ihr Enkel Roberto.[10] Erich Honecker wurde im Krematorium des Zentralfriedhofs von Santiago de Chile eingeäschert, aber über den Verbleib seiner Urne ist nichts Genaues bekannt. Der Vermutung, dass sie unbemerkt von der Öffentlichkeit auf dem Hauptfriedhof Recoleta beigesetzt wurde, trat Honeckers Enkel Roberto 2018 mit der Mitteilung entgegen, dass die Graburnen seiner beiden Großeltern sich immer noch im Besitz eines Freundes der Familie in Chile befänden. Die Bemühungen des Enkels, sie nach Deutschland zu überführen, scheiterten allerdings. Auf dem Friedhof der Sozialisten in Berlin-Friedrichsfelde finden seit 1989 keine neuen Bestattungen mehr statt, und der von Erich Honecker selbst geäußerte Wunsch, im heimischen Saarland an der Seite seiner Eltern beigesetzt zu werden, konnte schon deshalb nicht erfüllt werden, weil das elterliche Grab nach Ablauf der Ruhezeit 1995 eingeebnet worden war. Weder in Chile noch in Deutschland hat Erich Honecker einen Gedenkort gefunden, der an die historische Verantwortung erinnert, die der einstige SED-Generalsekretär und Staatsratsvorsitzende der DDR für die vierzigjährige Herrschaft eines diktatorischen Sozialismus in Deutschland getragen hat.

10 Yáñez/Grimm: Ich war der letzte Bürger der DDR, S. 222 ff.

Thomas Meaney

Die 89er

Lehrjahre einer Deutungselite

Verführt vom Bühnenzauber des Mauerfalls, entzückt von den osteuropäischen Dissidenten und eingelullt vom unaufhaltsam geglaubten Vormarsch ihres liebsten historischen Subjekts namens Zivilgesellschaft haben die 1989er heute längst den historischen Faden verloren. Aber das hindert sie nicht daran, unbeirrt weiter mit heißer Nadel an ihren Geschichten zu stricken. Ihren Einfluss verdanken sie der schieren Zahl an Institutionen, die sie lenken: den zahllosen Berufungskommissionen und Fakultäten, an deren Spitze sie stehen, den Meinungsseiten, Feuilletons, Redaktionen, Konferenzen, Podien, Stiftungen und Talkshows, wo sie bestens vernetzt, wie angewachsen, ihren angestammten Platz nicht räumen. Die Geisteshaltung der 1989er ist weder in sich geschlossen genug, um als Ideologie durchzugehen, noch so diffus, dass man sie als bloße Identität abtun könnte. Sie erinnert vielmehr an das, was im Französischen als *mentalité* bezeichnet wird: kein Prinzipienkatalog, sondern ein Horizont von kollektiven Überzeugungen, Werten und Empfindungen. Vor allem aber zeichnet sich diese Geisteshaltung durch eine Sicht auf die Gegenwart aus, der ein ganz bestimmtes Verständnis historischer Zusammenhänge zugrunde liegt. Für die 1989er versprach der Zusammenbruch des sowjetischen Imperiums samt anschließendem Völkerfrühling nicht weniger als eine von der historischen Vernunft auf die Tagesordnung gesetzte Form der politischen Neuordnung: Dekolonisierung auf einem Kontinent, in einer einmaligen Laborsituation, ohne Einmischung von außen. In den «richtigen» Händen, so der Glaube, ist geschichtlicher Wandel ein friedlicher, maßvoller Prozess, der in aufgeklärten Bahnen verläuft.

Wer die 1989er mit der vielerorts zu beobachtenden Abwendung von ihren linksliberalen Idealen konfrontierte und nach den tieferen Ursachen dafür fragte, stand als geschichtsphilosophischer Spielverderber da. Wichtiger, als Ursachenforschung zu betreiben, war es, für die richtigen «Werte» einzustehen – und alles dafür zu tun, um die Ewiggestrigen künftig von den Schalthebeln der Macht fernzuhalten. Autoritäre Regime weltweit schienen sich dem Lauf der Dinge zu beugen – und fielen in rascher Folge: In Südafrika markierte die Freilassung Nelson Mandelas im Februar 1990 den Anfang vom Ende der Apartheidherrschaft der National Party, einem Monat später legte Augusto Pinochet in Chile die Macht nieder. Und selbst in den verbleibenden unfreien Gesellschaften – allen voran in Deng Xiaopings China – fanden sich Dissidenten, die nur darauf warteten, dass man Verbindungen zu ihnen aufnahm, sowie liberale Grüppchen, die als Regierungsalternative gehandelt wurden und sich als Kabinett im Wartestand ins Spiel brachten.Die Kräfte, die all die Missstände erst hervorgebracht hatten, gegen die sich die Dissidenten auflehnten, waren dabei weniger von Interesse als die Tatsache, dass die Proteste offenbar die Werte der berichtenden westlichen Journalisten widerspiegelten. Die Geschichtsauffassung der 1989er, die im Nachwendejahrzehnt unter das Volk gebracht wurde, amputierte Hegel gleichsam die Füße, auf die Marx ihn gestellt hatte. Man ergötzte sich an dem blutigen Torso, der, ins rechte Licht gerückt, eindrucksvoll aufrecht stand, ohne dass einem die verstümmelte Unterseite überhaupt aufgefallen wäre. Von materiellen Daseinsbedingungen wollte man kaum etwas wissen; was blieb, war der Geist der Zeit.

Was die 1989er so schwer greifbar macht, ist ihre Weigerung, sich ideologisch festlegen zu lassen. Innenpolitisch zeigen sie kein klares Profil – was sie von den Anhängern eines sozialdemokratischen Dritten Wegs unterscheidet, die ihre Energien konse-

1 Karl Mannheim: Das Problem der Generation, in: Kölner Vierteljahrshefte für Soziologie 7, 1927–1928, Nr. 2, S. 157–185, und Nr. 3, S. 309–330, wieder abgedruckt in: ders.: Wissenssoziologie. Auswahl aus dem Werk, Neuwied/Berlin 1964, S. 509–565.

quent darauf verwendeten, noch die letzten Glutreste des Sozialismus auszutreten. Der Blick der 1989er richtete sich vielmehr nach außen, über den nationalen Tellerrand hinaus: Weltweit suchten sie nach widerständigen Regungen der Zivilgesellschaft. Sie bilden eine Generation im Sinne Karl Mannheims: vereint weniger durch das Geburtsjahr als vielmehr durch eine geteilte Wahrnehmung historischer Zäsuren.[1] Im englischsprachigen Raum sind dieser Generation so unterschiedliche Figuren wie Simon Schama (Jg. 1945), Michael Ignatieff (1947), Tony Judt (1948) und Ian Buruma (1951) zuzurechnen, aber auch Vertreter jüngerer Jahrgänge wie George Packer (1960), Timothy Snyder (1969) und Samantha Power (1970). An der Spitze der drei führenden politischen Magazine und Kulturzeitschriften der angloamerikanischen Welt stehen 1989er. Das gilt für den *Economist* (mit einem Chefredakteur, der in den 1990ern als Wirtschaftskorrespondent über den «Transformationsprozess» in Polen berichtete), den *Atlantic Monthly* (mit einem Herausgeber, der Václav Havel nicht zuletzt wegen dessen israelfreundlicher Haltung und seiner Unterstützung von Sanktionen gegen den Iran als Helden verehrt) und den *New Yorker* (mit einem Chefredakteur, der einst für die *Washington Post* den Zerfall der Sowjetunion aus nächster Nähe beobachtete). Der Journalismus war von Anfang an das natürliche Biotop der 1989er, ebenso wie Nichtregierungsorganisationen, die seit den 1960ern einen erstaunlichen Aufschwung erlebt hatten und von ihnen in ungekanntem Maß professionalisiert wurden.

Meine Betrachtungen beschränken sich im Folgenden überwiegend auf die USA und Großbritannien, weil sich die intellektuelle Physiognomie der 1989er dort schärfer konturieren lässt als in Europa, wo diese Haltung inzwischen in breitere gesellschaftliche Milieus Eingang fand. In Deutschland etwa erscheint es durchaus plausibel, weite Teile der Grünen – insbesondere die in den 1970er Jahren Geborenen – als mustergültige Vertreter des 1989er-Typus zu betrachten. Die Partei, aus den pazifistischen Nachwehen der 68er-Bewegung hervorgegangen, sträubte sich zunächst gegen die Mechanik machtpolitischer Kalküle, nur um sich ihr dann umso geschmeidiger zu fügen. Der Realo-Flügel machte seinem Namen alle Ehre, arrangierte sich mit Positionen, die dem Gründungsimpuls der Grünen diametral widersprachen, und fand Geschmack an humanitären Militärinterventionen unter amerikanischer Führung.

Man kann den Journalisten unter den 1989ern kaum verübeln, dass sie sich in ihrer Rolle als zeithistorische Hofberichterstatter eines siegreichen Liberalismus gefallen haben. Doch sie wollten mehr: Sie redeten einer weitreichenden Rückverwandlung von Geschichte in Anthropologie das Wort, die bald auf andere Epochen und Konstellationen übergriff. Dieser Zugriff erklärte Phänomene wie «Demokratie», «Emotionen» oder «Gewalt» zu ewigen Menschheitsthemen und hat klassische Kategorien historischer Analyse wie Interessen und Klassengegensätze abgelöst. Die Vergangenheit gerät den 1989ern zu einer Art Wunderlampe, der die Zivilgesellschaft als Flaschengeist entsteigt, um den Dissidenten aller Länder und Zeitalter ihre Wünsche zu erfüllen – von Heine und Herzen bis Havel und Haraszti. Für die Umbrüche der Jahre 1989 bis 1991 mag eine solche Herangehensweise aufschlussreich sein, aber die 1989er blickten durch diese Brille auf das gesamte revolutionäre Erbe der Weltgeschichte. Zwischen Buchdeckel gepresst finden sich inzwischen ihre Lesarten des Bauernkriegs, der Französischen Revolution, der Revolutionen von 1848, der chinesischen Studentenproteste von 1989 sowie des Zerfalls der Sowjetunion. Vielleicht besteht das eigentliche Erbe der 1989er darin, einen Begriff von Politik als Sphäre widerstreitender Interessen aus dem öffentlichen Diskurs weitgehend retuschiert zu haben.

Anders als bei den *Cold War liberals*, die ihnen vorausgingen, war das Geschichtsbild der 1989er nicht pessimistisch grundiert. Da Konfrontation nicht das A und O ihrer Weltsicht war, vermochten sie sich umstandslos von den Fixpunkten ihrer Vorgänger zu lösen: Auf Atomwaffen, Raketenschach, prowestliche Diktatoren und die düstere, illusionslose Diktion der *Cold War liberals* konnten sie verzichten. Realpolitik hin oder her, im Grunde ihres optimistischen Herzens, so konnte man meinen, waren die 1989er doch Idealisten. Natürlich lässt sich nicht leugnen, dass sie sich im Laufe der Zeit doch noch für eine Spielart des Freund-Feind-Denkens erwärmten und schließlich für alle Übel dieser Welt die Geißel des «Populismus» verantwortlich mach-

2 Zur Mobilisierungsfunktion, die der «Populismus» im Kalten Krieg erfüllte, siehe Marco D'Eramo: Populism and the New Oligarchy, in: New Left Review 82, Juli/August 2013.

ten – ein Kampfbegriff, mit dem *Cold War liberals* Einschränkungen demokratischer Rechte im Namen der Sicherheit gerechtfertigt hatten und der später dazu diente, ideologische Herausforderer von rechts und links in einen Topf zu werfen.[2] Aber in ihren ungestümen Anfangsjahren wähnten die 1989er das sogenannte «einfache Volk» noch auf ihrer Seite.

Die Schwächen ihrer historischen Analysen hingen eng mit dem journalistischen Erfolg der 1989er auf dem Markt der Aufmerksamkeitsökonomie zusammen. Als gewandtester Chronist unter ihnen gilt zu Recht Timothy Garton Ash. In den 1980er Jahren kartierte er in einer Reihe unerschrockener Zeitungsreportagen und Bücher den untergründigen Aufruhr im sowjetischen Machtbereich. Garton Ash knüpfte nicht nur wichtige Kontakte zu oppositionellen Gruppen, allen voran zur polnischen Solidarność, sondern wurde auch zur zentralen Figur eines bemerkenswerten Paradigmenwechsels im linksliberalen Leitmedium der transatlantischen Intelligentsia. War die *New York Review of Books* einst das Sprachrohr der zur Salonfähigkeit domestizierten 68er – man denke nur an Noam Chomskys schneidende Polemiken gegen den Vietnamkrieg –, so begannen die Herausgeber ab Mitte der 1970er ihr Verhältnis zur amerikanischen Außenpolitik zu überdenken. Auslöser war die Berichterstattung über den gewaltsamen Vormarsch der nordvietnamesischen Truppen und den Fall Saigons im Jahr 1975. Der Menschenrechtsdiskurs, dem die 1989er später huldigten, trat in der *New York Review of Books* zusehends an die Stelle der antiimperialistischen Haltung, die dort lange tonangebend war. Kurioserweise beschäftigte sich Garton Ash in seinem ersten Beitrag für das Blatt nicht etwa mit Osteuropa, sondern mit den Folgen von Reagans Außenpolitik in El Salvador und Nicaragua. Im Mittelpunkt stand allerdings weniger das Leid der betroffenen Bevölkerungsgruppen als der klägliche Verlauf der von den USA inszenierten Wahlen in beiden Ländern. Die Fundamentalkritik, wie sie Chomsky und die amerikanische Linke an der US-Politik in Mittel- und Südamerika geübt hatten, ersetzte Garton Ash durch den vertrauten Appell an das linksliberale Gewissen: Die außenpolitische Praxis der USA müsse endlich mit den hehren amerikanischen Idealen in Einklang gebracht werden.

Nichtsdestotrotz stellten Garton Ashs frühe Texte eine ungemeine Bereicherung dar. Keinem anderen englischsprachigen Autor gelang es Anfang der 1980er, ein derart feines Gespür für das Gären in der polnischen Gesellschaft zu entwickeln. Mit seltener Klarheit erfassten seine Reportagen die Probleme, die eine postkommunistische Zukunft für Osteuropa bereithalten würde. In einem seiner ersten Reiseberichte aus Polen und Ungarn genügte ihm eine Aufzählung, um ein schillerndes Bild der Opposition zu zeichnen. Sie umfasste: Populisten, Reformökonomen, radikale Soziologen, Kleinbauern, Lutheraner, katholische Basisgruppen, evangelikale Sekten, die demokratische Opposition, die demokratische Jugend, demokratische Akademiker, Solidarnosc, die Kämpfende Solidarnosc, nationale Demokraten, liberale Demokraten, Christdemokraten, Sozialdemokraten, liberale Katholiken und konservative Katholiken, christliche Sozialisten, Juden, Antisemiten, Anhänger der Arbeiterselbstverwaltung, Apostel der freien Marktwirtschaft, Syndikalisten und Monetaristen, selbsternannte «verrückte Liberale», «Neorealisten», «Neopositivisten».[3]

In Texten aus dieser Zeit zeigt sich Garton Ash äußerst umtriebig und schildert eindringlich seine Begegnungen mit Arbeitern, Gewerkschaftsführern, Politikern und Intellektuellen. Doch als sich die Lage 1989 zuspitzte, verlagerte sich auch sein Interesse – wie bei vielen westlichen Beobachtern – immer stärker auf den kleinen Kreis liberaler Intellektueller, denen er weltanschaulich nahestand.[4] Ab 1990 schlich sich in seine Essays ein Unbehagen, mitunter sogar eine gewisse Gereiztheit ein, sobald vom erstarkenden Nationalbewusstsein die Rede war. «In jedem westlichen Zeitungsartikel über Osteuropa liest man inzwischen unweigerlich von der ernsten Gefahr, dass in dieser Region der ‹Nationalismus› wiederauflebe», schrieb er mit spöttischer Skepsis. «Aber was, um Himmels willen, soll das überhaupt heißen?» Es war doch nicht zu übersehen, versicherte Garton Ash, dass die sogenannten «Refolutionen» – ein Kofferwort, das die Kluft zwischen Reform und Revolution überbrücken sollte – von besonnenen Liberalen vorangetrieben wurden, die sich dem Gebot der politischen Vernunft verschrieben hatten. Der Liberalismus war nur im 19. Jahrhundert auf das Bündnis mit dem Nationalismus ange-

3 Timothy Garton Ash: The Opposition, in: The New York Review of Books vom 13. Oktober 1988.

4 Slavoj Žižek interpretierte die schwärmerische Aneignung von 1989 bereits damals als Symptom eines politischen Narzissmus: «Es ist, als würde die Demokratie – die im Westen zunehmend Anzeichen des Verfalls und der Erschöpfung zeigt und sich im Wechselspiel von bürokratischen Routinen und werbewirksamen Wahlkampagnen auszehrt – in Osteuropa in all ihrer jugendlichen Frische und ihrem ursprünglichen Reiz wiederentdeckt.» Slavoj Žižek: Eastern Europe's Republics of Gilead, in: New Left Review, Nr. 183, September–Oktober 1990, S. 50.

5 Timothy Garton Ash: Eastern Europe: Après Le Déluge, Nous, in: The New York Review of Books vom 16. August 1990.

wiesen, um sich parlamentarisch Geltung zu verschaffen. Nach 1989 hingegen standen die Zeichen für Garton Ash auf einen grenzüberschneiden Wertepatriotismus.

Bemerkenswerter noch als die Bagatellisierung des Nationalismus war Garton Ashs – unter 1989ern keineswegs untypische – Gleichgültigkeit gegenüber den sozialen Verwerfungen innerhalb der osteuropäischen Arbeiterschichten. Noch 1985 hatte er mit Rudolf Bahro darin übereingestimmt, dass der Nationalismus ostdeutscher Arbeiter nicht zu unterschätzen sei. Und 1990 gestand er dem polnischen Politiker Jarosław Kaczyński zähneknirschend zu, dass die Bürgerrechtler Adam Michnik und Bronisław Geremek «der breiten Bevölkerung in Polen mit tiefem Misstrauen» begegneten.[5] Zu jener Zeit war er gewillt, sein Augenmerk auf die rasant ansteigende Arbeitslosigkeit im ehemaligen Ostblock zu richten – und ihm war durchaus bewusst, dass die radikalen Verfechter einer freien Marktwirtschaft nur bedingt als Lichtgestalten der künftigen Zivilgesellschaft taugen würden. Im Laufe der 1990er Jahre verschwanden die sozialen Folgekosten der Ankunft im kapitalistischen Alltag jedoch aus seinem Blickfeld. Fortan vertiefte er sich in Fragestellungen, die ihre Herkunft aus dem Seminarraum nicht verhehlen konnten: Sollten sich Intellektuelle aus der Politik heraushalten oder waren gerade sie aufgefordert, Verantwortung zu übernehmen? So strickte er an den Legenden mit, die sich um Václav Havel und Lech Wałęsa rankten und das Wirken dieser Dissidenten mitunter überlagerten. Wie praktisch alle anderen 1989er auch wollte Garton Ash nicht von seinem Standpunkt abrücken, dass sich der Groll, der sich in den Transformationsgesellschaften aufstaute, im Zuge des parlamentarischen Prozesses schon in Wohlgefallen auflösen würde. Mit unbequemeren Einsichten warteten dagegen die einheimischen Konvertiten des Liberalismus auf, die, in den Mühen der politischen Ebene angekommen, der Euphorie der Wendejahre abschworen. Unter ihnen stach Gáspár Miklós Tamás hervor: ein ehemaliger ungarischer Kommunist, der 1989 kurzzeitig als liberaler Abgeordneter im Rampenlicht stand, später jedoch ein vernichtendes Urteil über die eigene Rolle fällte. «In den ersten zwei Jahren, die ich als Abgeordneter im höchsten Haus meines Landes verbrachte», schrieb er, «wurden zwei Millionen Arbeitsplätze vernichtet – und ich glaube nicht, dass ich es überhaupt bemerkt habe. Das ist die vielleicht größte Schande meines Lebens.»[6]

Es überrascht kaum, dass die bislang beste Geschichte des Jahres 1989 nicht von Bürgerrechtsbewegten verfasst wurde, sondern von einem US-amerikanischen Historiker der jüngeren Generation, der sich in die Geschichte der Energie- und Finanzpolitik einarbeitete, also zwei Bereiche, die von den 1989ern konsequent ausgeblendet wurden. Aufbauend auf Arbeiten von Charles Maier, Stephen Kotkin und Jan Gross hat Fritz Bartel mit *Gebrochene Versprechen* eine erstklassige Studie zur Finanzarchitektur des Ostblocks und seiner stupenden Abhängigkeit von westlichen Gläubigern vorgelegt.[7] Bartels Darstellung setzt mit den Ölkrisen der 1970er Jahre ein, als sowohl westliche Länder wie auch die Staaten im Moskauer Orbit unter massiven Druck durch die Weltmärkte gerieten. Für den Kreml war die Lage eine zweischneidige Sache: Zwar spülten steigende Energiepreise Devisen in die Kassen der Sowjetunion, doch die Satellitenstaaten in Osteuropa ächzten unter steigenden Kosten für Importe, auf die ihre Industriebetriebe angewiesen waren. Bartel erzählt die Geschichte des Kalten Krieges aus einer ungewöhnlichen Perspektive: der Zinspolitik der US-Notenbank unter Paul Volcker. Die teils dramatisch erhöhten Leitzinsen erwiesen sich rückblickend als weitaus wirkungsvollere Waffe im Kampf gegen den Ostblock als Reagans Rüstungsinitiativen oder seine Ordnungsrufe in Richtung Europa, jede Kooperation mit Moskau habe zu unterbleiben. Die Hochzinspolitik der US-Notenbank saugte globales Kapital förmlich auf – zulasten der osteuropäischen Staaten, die für Kreditgeber noch unattraktiver wurden. Folgt man Bartels Ausführungen, sahen sich Ost und West gezwungen, ihre je eigene Perestroika als Form der Disziplinierung durch Marktöffnung einzuleiten, um Sparmaßnahmen durchzusetzen, die zwangsläufig auf den Widerstand der Arbeiterschaft trafen. Es gab jedoch einen entscheidenden Unterschied: Die USA und ihre westlichen Verbündeten konnten Sozialausgaben kürzen und sich zugleich gewisse Spielräume durch die Ausgabe von Staatsanleihen verschaffen, wohingegen die Mitglieder des Warschauer Pakts wohlfahrtsstaatliche Leistungen zurückfahren

6 G. M. Tamás: Hungary – «Where We Went Wrong», in: International Socialism, Nr. 123, Sommer 2009. Abrufbar unter: https://isj.org.uk/interview-hungary-where-we-went-wrong.

7 Fritz Bartel: Gebrochene Versprechen. Das Ende des Kalten Krieges und der Aufstieg des Neoliberalismus, Hamburg 2025.

und mitansehen mussten, wie die internationalen Kapitalmärkte ihnen die kalte Schulter zeigten. Der Schuldendienst für die bestehenden Verbindlichkeiten wurde mit jedem Jahr kostspieliger, Polen und Rumänien rutschten in die Zahlungsunfähigkeit, Ungarn, die Sowjetunion und die DDR standen kurz davor. Der westöstliche Kapitalverkehr hatte den real existierenden Sozialismus in die Schuldenfalle gelockt, zum politischen kam nun mit der sinkenden Kreditwürdigkeit auch ein ökonomisches Legitimationsdefizit. Die polnische Regierung war auch deshalb bereit, nach der anfänglichen Politik der eisernen Faust Solidarność stärker gewähren zu lassen, weil sie hoffte, von der Gewerkschaft Rückendeckung für den sozialpolitischen Kahlschlag zu erhalten.

Bartels Rekonstruktion des Jahres 1989 geht jedes Pathos ab, dafür tummeln sich dort Wirtschaftsexperten und hochrangige Beamte, die verzweifelt Haushaltslöcher stopfen und um Kreditlinien ringen. Sie ist denkbar weit entfernt von der Ergriffenheit eines historischen Romantikers wie Garton Ash. Obwohl Bartels Stil betont sachlich bleibt und ohne polemischen Eifer auskommt, liest sich *Gebrochene Versprechen* wie eine Demontage der handelsüblichen Heldengeschichten vom Mauerfall, in denen das Volk endlich sein Schicksal in die Hand nimmt und gegen die Herrschaft der Willkür aufbegehrt. Mit dieser Sichtweise ist Bartel jedoch nicht allein, es bestehen Berührungspunkte zu zeitgenössischen Kommentatoren, die ihre Wahrnehmung ebenfalls an den sozialen und ökonomischen Verwicklungen schulten. Wenn auch kaum jemand so weit ging wie Eric Hobsbawm oder Hans Magnus Enzensberger, die den polnischen General Wojciech Jaruzelski, den ungarischen Kommunistenchef János Kádár, Egon Krenz und last but not least Gorbatschow als tragische Figuren, ja verkannte Helden des Rückzugs würdigten, die über ihren ideologischen Schatten sprangen, um ihre Gesellschaften vor dem Ruin zu bewahren.[8] Man musste zudem kein Wirtschaftsexperte sein, um schon damals zu begreifen, dass die Verschuldung im kapitalistischen Ausland wie ein Mühlstein am Hals der realsozialistischen Regierungen hing – und ihnen paradoxerweise das politische Überleben zumindest zeitweilig sicherte. Auf einer 1982 von Susan Sontag in New York organi-

8 Hans Magnus Enzensberger: The State of Europe: Christmas Eve 1989, in: Granta, Winter 1990; Eric Hobsbawm: After the Cold War, in: London Review of Books vom 26. April 2012.

sierten Solidaritätsveranstaltung für die polnische Gewerkschaftsbewegung diktierte Joseph Brodsky den anwesenden Pressevertretern in den Block, er werde sein Konto bei der New York Chemical Bank aus Protest gegen deren Kreditvergabe an das kommunistische Regime in Warschau auflösen. In Polen seien die Demonstranten bedroht von «sowjetischen Panzern und westlichen Banken».[9] Für Bartel ist das alles ohnehin ein offenes Geheimnis – nachzulesen in den reißerischen Schlagzeilen alter Ausgaben des Branchenblatts *Euromoney*.

Dass die Dissidenten in Osteuropa und der Sowjetunion vor allem Intellektuelle waren – Menschen wie sie selbst –, hat das politische Denken der 1989er bis heute konditioniert. Was sie freilich nicht wahrhaben wollten: Viele der von ihnen verehrten Persönlichkeiten hatten ihren Glauben an die Sowjetgesellschaft und die Möglichkeit eines anderen, besseren Sozialismus nicht aufgegeben. Ihr Ziel war nicht der Umsturz des kommunistischen Systems, sondern – ganz wie es sich Garton Ash einst mit Blick auf die US-Außenpolitik in El Salvador und Nicaragua wünschte – die Rückbesinnung auf die eigenen Ideale. In seinem neuen Buch *To the Success of Our Hopeless Cause* (2024), das die Kritik bereits kurz nach Erscheinen als Standardwerk zur Geschichte der sowjetischen Dissidenten feierte, taucht der Historiker Benjamin Nathans tief in die Erfahrungswelt der Opposition in der UdSSR ein. Die Bolschewiki mögen mit ihren Vorhaben gescheitert sein, den «neuen Menschen» zu schaffen, doch das spätere Sowjetsystem, so Nathans, brachte durchaus Persönlichkeiten «neuen Typs» hervor: geradeheraus, charismatisch, furchtlos. Diese Dissidenten pochten auf die Einhaltung der geltenden Gesetze, auf das Recht auf freie Versammlung und die Transparenz der Justiz. In ökonomischen Fragen hingegen – also was Marktmechanismen oder die Rolle des Staates in der Wirtschaft betraf – blieben sie im Kern orthodox. In ihrem Bemühen, die Errungenschaften der Revolution zu bewahren, muteten Dissidenten wie Wiktor Krasin oder Wladimir Bukowski bisweilen wie ketzerische Individualisten an, ein Umstand, der es im Rückblick für die 1989er umso einfacher machte, sie in das eigene liberale Lager einzugemeinden. Und es stimmt ja: Löst man Bukowskis Plädoyer für mehr Zivilcourage aus dem Kontext des sowjeti-

9 Lev Loseff: Joseph Brodsky: A Literary Life, New Haven 2011, S. 203.

schen Reformdiskurses heraus, könnte man ihn tatsächlich für den Inbegriff eines 1989ers halten.

«Warum gerade ich?», fragt sich jeder Einzelne in der Menge. «Allein kann ich doch nichts ausrichten.»
Und alle sind verloren.
«Wenn nicht ich – wer dann?», fragt sich der Mensch, der mit dem Rücken zur Wand steht.
Und er rettet sie alle.[10]

Es war dieser Mut des Einzelnen im Angesicht überwältigender Staatsmacht, der die 1989er nachhaltig beeindruckte – ikonisch verdichtet etwa in den Aufnahmen vom «Tank Man» auf dem Tian'anmen-Platz. Die Annahme, es handelte sich bei den Dissidenten um unversöhnliche Systemgegner, die auf den Umsturz hinarbeiteten – und nicht etwa um Reformer, die bestehende Strukturen verbessern oder gar stabilisieren wollten –, gehört zu den Gründungsmythen der 1989er. Doch viele namhafte Dissidenten waren Mahner für schrittweisen Wandel und keine Systemsprenger. Der Ökonom Ota Šik und vor ihm der Literaturhistoriker Eduard Goldstücker in der Tschechoslowakei, der Historiker Roi Medwedew, die Mathematikerin und Menschenrechtlerin Tatjana Welikanowa oder auch Andrej Sacharow in Russland blieben dem Sozialismus in den entscheidenden Jahren zumindest so weit verbunden, dass sie den Weg einer vollständigen Konversion zum westlichen Liberalismus nicht mitgingen.[11]

Dass ausgerechnet die 1989er daran mitwirkten, die tatsächlichen politischen Anliegen der osteuropäischen Dissidenten durch liberale Umkodierung zu entkernen, lag nicht zuletzt am erstaunlich leeren Verständnis ihres programmatischen Schlüsselbegriffs – der «Zivilgesellschaft». Als Timothy Garton Ash 1988 in der *New York Review of Books* eine breitere Leserschaft mit dem Konzept bekannt machte, räumte er immerhin ein, dass es «erschütternd unpräzise» sei. Seine begriffsgeschichtliche Karriere in der politischen Philosophie war so verschlungen, wie seine zeitgenössische Verwendung irritierend war. Denn unter dem Dach der Zivilgesellschaft war Platz für «Gesangsvereine genauso wie für die Charta 77», sie erstreckte sich also von unpoliti-

10 Benjamin Nathans: To the Success of Our Hopeless Cause: The Many Lives of the Soviet Dissident Movement, Princeton 2024, S. 332.

11 Wie Nathans hervorhebt, machten sich nur wenige osteuropäische Oppositionelle den Begriff «Dissident» tatsächlich zu eigen. Andrej Sacharow lehnte die Bezeichnung ausdrücklich ab, und selbst Jiří Gruša und Václav Havel setzten in «Die Macht der Machtlosen» (1978) – einem Urtext der 1989er – das Wort «Dissident» konsequent in Anführungszeichen, um ihre Leser daran zu erinnern, dass es sich um ein Etikett westlicher Journalisten handelt, nicht um eine Selbstbeschreibung der fraglichen Akteure.

schen Freizeitgruppen bis zu den demokratischen Oppositionsbewegungen in Polen, Ungarn und der Tschechoslowakei.[12]

Während Hegel unter «bürgerlicher Gesellschaft» – das in der englischen Übersetzung zu dem schon länger gebräuchlichen *civil society* wurde – jenes historische Terrain fasste, auf dem sich die in sich widersprüchliche und daher den Staat notwendigerweise auf den Plan rufende Vermittlung zwischen subjektiver Freiheit und den überindividuellen Werten eines politischen Gemeinwesens vollzieht, hielten es die 1989er eher mit John Locke: Für den englischen Philosophen war eine «zivilisierte Gesellschaft kein systemisches Gefüge, sondern lediglich die Summe zivilisierter Individuen».[13]

Ohnehin war die Geschichtsschreibung für die 1989er ein wichtiger Schauplatz. In ihrer Auseinandersetzung mit der modernen Geschichte Russlands und Chinas war ihr Standpunkt unverrückbar: Beide Länder, so der Tenor, befanden sich selbst in den 1970er und 1980er Jahren noch im Klammergriff eines totalitären Apparats, der kaum unterscheidbar war von der Hochphase des stalinistischen Terrors oder den Exzessen des Maoismus. Aber nicht nur der Historiografie des 20. Jahrhunderts haben die 1989er ihren Stempel aufgedrückt. Zwei Beispiele sollen hier genügen. Im letzten Jahr erschien *Für die Freiheit*, eine neue Geschichte des Bauernkriegs aus der Feder der Historikerin Lyndal Roper, die sich vor allem mit ihren Arbeiten zur Reformationszeit einen Namen gemacht hat. Die Inhaberin des prestigeträchtigen Regius Chair of History an der Universität Oxford hatte unter anderem eine skrupulös recherchierte Luther-Biografie vorgelegt, die einhellige Begeisterung hervorrief.[14] Zugleich ist sie aber auch eine Intellektuelle, deren Geschichtsbild eine deutliche Prägung durch den Umbruch nach 1989 aufweist, den sie gleichsam vor Ort miterlebte, denn das akademische Jahr 1991/92 verbrachte sie am Berliner Wissenschaftskolleg. «Meine Generation war Zeuge des Falls der Berliner Mauer», schreibt sie, «und erlebte, wie Sozial- und Kulturgeschichte den marxistischen Materialismus verdrängten» – eine Entwicklung, die sie ausdrücklich begrüßt.[15] In ihrem Bauernkriegspanorama *Für die Freiheit* legt Roper den Schwerpunkt ihrer Untersuchung vor allem auf die Lebenswelt der Bauern, das Schicksal von Frauen, die ökologischen Aus-

12 Garton Ash: The Opposition.

13 John Dunn: «Bright Enough for All Our Purposes»: John Locke's Conception of a Civilized Society, in: Notes and Records of the Royal Society 43 (1980), S. 133–153.

14 Lyndal Roper: Der Mensch Martin Luther. Die Biografie, Frankfurt/M. 2016.

15 Dies.: Für die Freiheit. Der Bauernkrieg 1525, Frankfurt/M. 2024, S. 505.

wirkungen des Aufstands sowie auf den Anteil, den der Konflikt an der politischen Zentralisierung der deutschen Territorien hatte. In der englischsprachigen Welt wurde das Buch durchweg wohlwollend aufgenommen. Der britische Historiker Malcolm Gaskill sparte in der *London Review of Books* nicht mit Lob: Roper setze sich wohltuend von der «ideologisch aufgeladenen Historiografie» zu diesem Thema ab.[16]

Es gehört nicht viel Fantasie dazu, um sich auszumalen, wer hier gemeint ist – die marxistischen Deutungsangebote zur Erhebung von 1525, die bis zu Friedrich Engels' bis heute immer wieder aufgelegten Schrift *Der deutsche Bauernkrieg* zurückreichen. Engels, so Roper, habe die Bauern nicht für «wirklich revolutionär» gehalten; allein die aufstrebende Bourgeoisie in den Städten sei für ihn und Marx von Bedeutung gewesen. Es war nur folgerichtig, merkt sie kritisch an, dass die marxistische Geschichtsschreibung in der DDR den Bauernkrieg zur «frühbürgerlichen Revolution» umetikettierte – und die Bauern somit gänzlich aus dem Bild verschwinden ließ.[17] Doch sowohl Engels als auch Marx hatten keinen Zweifel daran gelassen, dass die Bauern eine geschichtsmächtige Kraft darstellten, wenn auch eine, die kaum Aussichten darauf hatte, gemeinsame Sache mit Stadtbürgertum und niederem Adel zu machen, da deren eigennützige Erwägungen sich kaum mit den Interessen der Bauern deckten. Es hat etwas Befremdliches, wie geflissentlich Roper Fragen nach den Erfolgschancen politischer Allianzen und den historischen Kausalitäten, die im Bauernkrieg am Werk waren, beiseitewischt. Marx und Engels war weniger daran gelegen, die ländliche Lebenswelt der frühen Neuzeit zu veranschaulichen, als sich Aufschluss über die Gründe für das Scheitern dieser Erhebung zu geben.

Bei Roper hingegen erscheinen die Bauernaufstände als zivilgesellschaftlicher Aufbruch avant la lettre, der Fragen aufwirft, die bis heute nichts von ihrer Aktualität eingebüßt haben. Wo Ernst Bloch – so fragwürdig sein Ansatz in *Thomas Müntzer als Theologe der Revolution* aus methodischer Sicht erscheinen mag – die Gegenwart ganz bewusst als Folie anlegt, um sich einen Reim auf die entfernte Vergangenheit zu machen, und den Bauernkrieg offensiv als Vorgriff auf ein kommendes kommunistisches Europa interpretiert, lässt Roper ihr Weltbild eher verdruckst in die

16 Malcolm Gaskill: We're eating goose!, in: London Review of Books vom 17. April 2025.

17 Roper: Für die Freiheit, S. 506.

Darstellung einfließen. Dass die Werte von 1989 – Zivilgesellschaft, Klimabewusstsein, Geschlechtergerechtigkeit – von ihr nachträglich auf das historische Geschehen projiziert werden, gibt sie so schmallippig wie pflichtschuldig zu Protokoll. Sie wolle «der Umwelt, dem menschlichen Handeln, Tieren und dem Thema Freiheit» zu ihrem Recht verhelfen. Da diese «Probleme nicht wegweisend für die Industrialisierung waren, interessierten sich Marx und Engels nicht für sie», doch «vor genau diesen Fragen stehen wir heute».[18] Das Ergebnis ist eine merkwürdig genügsame Geschichte des Bauernkriegs, in der gewichtige historische Fragen – die Klasseninteressen des Adels, die ideologische Bindekraft der Kirche, die Entscheidungsprozesse der Bauernführer – unterbelichtet bleiben, um die Bühne vermeintlich universellen Schlagwörtern wie «Emotionen», «Gleichheit» und «Umwelt» zu überlassen. Statt sich auf einen kritischen Dialog mit der marxistischen Geschichtsschreibung einzulassen, gerät Ropers Buch zum Lehrstück über die Geschichtspolitik der 1989er: Erkenntnispotenziale werden bereitwillig verschenkt, indem man eine unliebsame Gesinnung bis zur Karikatur entstellt, so dass man sich mit den Einsichten, die eine darauf gründende Forschungstradition in ihren stärksten Momenten bereithält, gar nicht erst befassen muss.

Der Deutsche Bauernkrieg war der wohl bedeutendste Aufstand des «gemeinen Volkes» in Europa vor 1789. Dass sich die 1989er auch der Französischen Revolution angenommen haben, ist nicht verwunderlich. Wie Philipp Ther gezeigt hat, verlor der französische Historiker François Furet nach dem Mauerfall keine Zeit, um wichtige Pflöcke einzuschlagen.[19] In einer 1990 erschienenen Ausgabe der Zeitschrift *Transit* – einem der ersten offiziellen Foren des 1989er-Denkens – präsentierte Furet die samtenen Revolutionen im Ostblock als geläuterte Neuauflage dessen, was die Franzosen zweihundert Jahre zuvor gründlich vergeigt hatten. Dass die Terrorherrschaft von 1793/94 keine Verirrung war, sondern mit fast schon zwingender Konsequenz aus der Revolution von 1789 hervorging – diese These durchzog Furets Werk seit *Penser la Révolution française* wie ein Basso continuo. Er selbst war kein 1989er, sondern ein Renegat des Kalten Kriegs, der mit dem Kommunismus gebrochen hatte und seit den 1970er Jahren

18 Ebd., S. 483.

19 Philipp Ther: Die neue Ordnung auf dem alten Kontinent. Eine Geschichte des neoliberalen Europa, Berlin 2016.

20 Simon Schama: Der zaudernde Citoyen. Rückschritt und Fortschritt in der Französischen Revolution, München 1989, S. 616.

lautstark für die Sache des politischen Liberalismus stritt. Es war der britische Historiker Simon Schama, der Furets Thesen aufgriff, sie publikumswirksam im Sinne der 1989er aufbereitete und damit pünktlich zum zweihundertjährigen Revolutionsjubiläum einen Bestseller landete. Dass *Citizens: A Chronicle of the French Revolution* im selben Jahr erschien, in dem die Berliner Mauer fiel, bestätigt einmal mehr, dass die intellektuellen Grundbausteine der 1989er schon vor dem eigentlichen Epochenereignis bereitlagen. Schamas Werk kreist um eine Kernaussage: Nicht nur habe die Französische Revolution kaum etwas erreicht, sie sei zudem ein geradezu sadistisches Experiment gewesen – durchgeführt von fanatischen Revolutionären, die mit allen ihnen zur Verfügung stehenden Mitteln versuchten, bereits im 18. Jahrhundert einen totalitären Staat zu errichten. «Blutvergießen war nicht eine bedauerliche Begleiterscheinung der Revolution», so Schama, «sondern die Quelle ihrer Kraft.»[20] Die Niederschlagung des royalistisch-katholischen Aufstands in der Vendée, der Terror, die Revolutions- und Napoleonischen Kriege sind für Schama unentrinnbare Auswüchse eines ursprünglichen Verhängnisses, das von einer kleinen Kaste französischer Intellektueller entfesselt wurde, die in ihrem blutrünstigen Gewaltrausch und ihrer hasserfüllten Zerstörungswut nur noch mit den Henkersknechten Stalins oder islamistischen Gotteskriegern vergleichbar scheinen.

Vier Jahre nach der Veröffentlichung von Schamas *Citizens* fasste der Historiker Alan Spitzer seine Vorbehalte gegenüber dieser Umdeutung pointiert zusammen: Das Ideal des freien Marktes fungiert als zeitloser ökonomischer Maßstab, an dem sich jede politische Maßnahme messen lassen muss. Dementsprechend erscheint die Einrichtung von Getreidespeichern zur Absicherung gegen Hungersnöte lediglich als «ein weiterer gewaltiger Rückschritt», und Forderungen nach staatlicher Unterstützung für arme Bevölkerungsschichten in den Städten und auf dem Land werden durchweg als «reaktionär» abgestempelt. Die revolutionäre Gewalt wird mit den politischen Schrecken des 20. Jahrhunderts enggeführt: Das berüchtigte Dekret vom 22. Prairial wird zur «Gründungsurkunde einer totalitären Justiz», Saint-Just war aus dem gleichen «Holz geschnitzt, aus dem auch der Leninismus geformt wurde», und in der Vendée erkennt man gar «unheilvolle Vorboten der technisierten Tötungsmethoden des 20. Jahrhunderts».[21]

Aber wenn die Revolution in die Barbarei zurück- und als Motor des Fortschritts damit ausfällt, was bleibt dann als treibende Kraft der Modernisierung in der französischen Geschichte? Ohne zu zögern, zaubert Schama die Antwort aus dem Hut: das Ancien Régime. Hätte man Ludwig XVI. nur mehr Zeit gelassen – dass die Haushaltslage der französischen Monarchie desaströs und mittelfristig untragbar war, ist ein Forschungsstand, an dem sich Schama unermüdlich abarbeitet, weil er ihn für überholt hält –, hätten sich die Lebensumstände des Dritten Stands spürbar verbessert, dem dann auch das revolutionäre Abgleiten in eine «Politik der Paranoia» erspart geblieben wäre.[22] So durchschlagend war der Erfolg von *Citizens*, dass Schamas Buch sogar an Schulen zum Lehrstoff wurde. Es ist bis heute die letzte populäre Gesamtdarstellung der Französischen Revolution, an die sich ein großer US-Publikumsverlag herangewagt hat. Auf dem Papier ist Schama eigentlich ein 68er: 1945 geboren, aufgewachsen mit den Geschichten der Luftschlacht um England, verschlägt es ihn 1965 nach Prag, wo er – so Schama in der BBC-Doku *History of Now* (2022) – «das Eis brechen hörte». Schama steht exemplarisch für jene 1989er, die ihr politisches Erwachen 1968 erlebten und anschließend eine Häutung durchliefen. Bei anderen führenden Köpfen wie Christopher Hitchens und Paul Berman drängt sich im Gegensatz dazu das Bild von Schwerstarbeitern mit Schutzhelmen auf, die unter heftigen Funkenflug 1968 und 1989 zusammenschweißten, um den eigene Reifeprozess mit dem Weltgeschehen in eins fallen zu lassen. So erscheint die Implosion des Ostblocks als zivilisierte Vollendung einer lebensgeschichtlichen Entwicklung, die in den turbulenten Tagen der Studentenproteste ihren Ausgang nahm.

Sobald man Ausschau nach 1989ern hält, entdeckt man sie überall. Man hat es mit ihnen zu tun, wenn eine Gesellschaft als «totalitär»[23] bezeichnet wird, um sie für eine westliche Intervention publizistisch sturmreif zu schießen, wie es im Vorfeld des Irakkriegs 2003 geschah. Die Dichotomie von Freiheit und autoritärer Herrschaft, mit der die 1989er so gern hantieren, wurde

21 Alan B. Spitzer: Narrative's Problems: The Case of Simon Schama, in: The Journal of Modern History, 65, Nr. 1, März 1993, S. 185.

22 Spitzer forderte die Leser seiner Rezension von Schamas «Citizens» zu einem Gedankenexperiment auf: Wie sähe eine Geschichte der Vereinigten Staaten aus, die gleichermaßen den Gründungsmoment als Sündenfall abkanzelt, der die weitere Entwicklung unwiderruflich befleckt und kommendes Unheil vorwegnimmt? Das hieße, den Pfad der Tränen der Cherokee zur «Metapher» für die gesamte amerikanische Geschichte zu stilisieren oder die fatalen Folgen eines «pragmatischen Liberalismus» anhand einseitiger Lebensbilder von Sir Arthur «Bomber» Harris (1892–1984) oder General Curtis E. LeMay (1906–1990) zu illustrieren. Als später tatsächlich Narrative dieser Art aufkamen – etwa im umstrittenen «1619 Project» der New York Times –, übte Schama scharfe Kritik an dieser verkürzten und moralisierenden Herangehensweise. Ihm war offenkundig entfallen, dass er in «Citizens» genau das gleiche Verfahren auf Frankreich angewendet hatte. Vgl. Simon Schama: America's History Wars, Race and the Flag, in: Financial Times vom 8. Juli 2021.

23 Eine der eigentümlicheren Volten der 1989er bestand in der Aneignung kontinentalen Denkens für ihre Zwecke – insbesondere der Werke Hannah Arendts sowie von Vertretern und Weggefährten der →

nach dem 11. September auf die islamische Welt übertragen. In islamistischen Fundamentalisten und Saddam Husseins Repressions- und Überwachungsregime meinte man, Wiedergänger der Stasi auszumachen, die im «Mülleimer der Geschichte» entsorgt werden sollten, während halbseidene Gestalten aus der Diaspora wie Ahmad al-Dschalabi als Dissidenten des 21. Jahrhunderts in Szene gesetzt wurden. Auch sind 1989er in der Regel nicht weit, wenn ganze Literaturtraditionen auf Autoren abgeklopft werden, die sich für den Dissidentenstatus qualifizieren. Aber was ist mit einer Rezeptionshaltung gegenüber fremdsprachiger Belletristik eigentlich gewonnen, die so tut, als sei jeder talentierte chinesische Schriftsteller ein Anwärter auf die Nachfolge Solschenizyns?

So mancher 1989er wandte sich dem Roman als Form intellektueller Intervention zu. Auffällig an den literarischen Werken von Michael Ignatieff, Ian Buruma, George Packer oder Ian McEwan ist, dass sie fast durchweg im Gewand des historischen Romans daherkommen – einem Genre, das auch heikle Themen handhabbar macht. In *Honig* rollt McEwan den Prozess um den CIA-finanzierten Kongress für kulturelle Freiheit neu auf, während George Packer in *The Half Man* seinem Unmut über die antikolonialen Befreiungsbewegungen Luft macht.[24] Im Buchhandel könnten solche Titel mit Fug und Recht als «Menschenrechtsprosa» firmieren, die nach der Jahrtausendwende den NGO-Romanen von Dave Eggers, Kevin Brockmeier und Mischa Berlinski den Boden bereitete.[25] Diese Literatur ist häufig im Tonfall einer rührseligen Reportage gehalten – und wurde von einer der faszinierendsten Autorinnen der literarischen Avantgarde in einem autofiktionalen Werk gnadenlos aufs Korn genommen:

> «Ohne Reue zurückblicken, das ist alles, was ich will. Und erst *dann* vielleicht nach Afrika fahren und mit der Geschichte einer verarmten Schwarzen zurückkehren, deren Freund Aids hat und trinkt und deren vier Kinder auch Aids haben und trinken – um den Nordamerikanern etwas bieten zu können, das von größerer Bedeutung ist als meine eigene seelische Armut.»[26]

→ Frankfurter Schule. So verfasste Samantha Power das Vorwort zur Schocken-Ausgabe von Arendts «Elemente und Ursprünge totaler Herrschaft», während Leon Wieseltier in seinem Kurzporträt Walter Benjamins von dessen Sympathien für die Oktoberrevolution so peinlich berührt war, dass es stellenweise wirkt, als hätte er über sie am liebsten den Mantel des Schweigens ausgebreitet. Es wäre ein lohnenswertes Unterfangen, einmal ausführlicher nachzuzeichnen, wie die 1989er die Rezeptionsgeschichte dieser Denker beeinflusst und verzerrt haben.

24 Ian McEwan: Honig, Zürich 2013; George Packer: The Half Man, New York 1991.

25 Ein Autor, der mit dem Einzug der 1989er in die Gegenwartsliteratur und ihrem missionarischen Liberalismus denkbar wenig anfangen konnte, war John Le Carré. In Romanen wie «Der Schneider von Panama» (1996) oder «Der ewige Gärtner» (2000) rechnete er scharf mit dem marktgängigen Menschenrechtsduktus ab.

26 Sheila Heti: Wie sollten wir sein? Ein Roman aus dem Leben, Reinbek 2014, S. 185 f.

Die Verehrung, die all die 1989er den osteuropäischen Dissidenten entgegenbrachten, wurzelt im Grunde in einem Gefühl des Ungenügens. Im ehemaligen Ostblock war es ihnen vergönnt, sich am einladenden Lagerfeuer eines Idealismus zu wärmen, der den westlichen Gesellschaften zwar längst abhandengekommen war, aus dem die 1989er jedoch mit etwas Geschick und ihrem Händchen für Selbstvermarktung Kapital für das eigene Fortkommen schlagen konnten. Es ist höchste Zeit, ihnen entgegenzutreten, bevor sie mit ihren Dampfplaudereien abermals den Blick auf die Geschichte trüben.

Aus dem Englischen von Danilo Scholz

Sonia Voss

Himmelhölle

Manhattan durch die Linse der Fotografin Sibylle Bergemann

Müll, Lehm, Ziegelsteine. Holzbalken, die zu einem Schutthaufen aufgetürmt sind. Eine verbeulte Blechtonne, wie sie in grimmigen Wintern zum Anzünden eines wärmenden Feuers verwendet wird. In der Ferne eine Reihe monotoner Gebäudeklötze, teils fensterloser Ruinen, vor denen sich das Gerippe eines unbelaubten Baums gegen den bleichen Himmel stemmt. *Welcome* in der Traumstadt, in der Albtraumstadt – in der *Himmelhölle Manhattan*.

Die Fotografie von Sibylle Bergemann stammt aus dem Jahr 1984. Sie eröffnet einen circa 18,5 × 16 Zentimeter messenden Band, den die Fotografin zwei Jahre später gemeinsam mit der Schriftstellerin Irene Runge in Ostberlin veröffentlichte.[1] 1942 in New York geboren, ist Runge Kind einer deutsch-jüdischen Familie, die in den 1930er Jahren vor den Nazis geflohen war und 1949 in die neu gegründete DDR zurückkehrte.[2] Drei Jahrzehnte später besucht sie ihre Freunde und Verwandten in New York. Hautnah erfährt sie amerikanischen Alltag, die Widersprüche zwischen proklamierten Werten und Realitäten. Diese Erfahrungen fließen in einem persönlichen Reisebericht zusammen, der durch seine genauen Schilderungen beeindruckt. Eine Serie von kurzen Kapiteln, die sich ebenso den Schablonen der antiimperialistischen Doktrin der DDR wie dem sentimentalen Schwelgen über ein verlorenes Kindheitsparadies entziehen. Bergemanns Fotografien begleiten Runges Text und potenzieren ihn durch eine subtile Bildsprache.

1 Irene Runge: Himmelhölle Manhattan. Mit Fotos von Sibylle Bergemann, Berlin 1986.

2 Nach dem Untergang der DDR legte Irene Runge offen, dass sie in den 1960er und 70er Jahren als «IM Stefan» für das Ministerium für Staatssicherheit tätig gewesen war.

Das Foto wird allerdings erst sichtbar, wenn man den Einband und den Schmutztitel aufgeschlagen hat; es erstreckt sich über eineinhalb Seiten. In seinem oberen Teil sind der Buchtitel, die Namen der Autorinnen und der Verlag Der Morgen eingeblendet. Fast scheint es, als hätten wir es hier mit einem zweiten Cover zu tun, das im Inneren des Bandes Zuflucht gefunden hat. Nur dieses alternative Deckblatt enthält übrigens den Namen von Sibylle Bergemann, der außen auf dem Schutzumschlag unterschlagen wird. Das verstärkt das Gefühl, das Buch als gemeinsames Werk begänne hier erst richtig. Vergessen Sie alle Abziehbilder der Stadt! Wir zeigen Ihnen das wahre Gesicht Manhattans, die Fratzen der Ruinen und der Verwüstung!

Abb. 1
Cover von «Himmelhölle Manhattan», 1984. Foto von Sibylle Bergemann.

Auch das Foto außen auf dem Schutzumschlag zeigt keine Idylle, sondern – im Medium Shot – eine schwarze Frau auf einer belebten Straße, mit angespanntem Gesichtsausdruck und Einkaufstasche in der Hand *(Abb. 1)*. Dieses Coverbild setzt sich auf der Rückseite des Umschlags fort: Hier sieht man Menschen, die beengt an einer Bushaltestelle warten. Autoschlangen schieben sich dicht an ihnen vorbei. Straßenlaternen, Masten und Hydranten formen einen chaotischen Stadtwald. Die Körper, die sich an der Haltestelle drängen, drücken jedoch Gelassenheit aus. Das Geflecht des sorgsam kombinierten Bildes fängt das Wesen der Stadt ein – jenen eigentümlichen Mix aus Elektrisiertheit und Coolness, Nervosität und Offenheit.

Doch nicht einmal zwei Umschlagbilder scheinen auszureichen, um alle Widersprüche der Stadt zu bannen. Unter dem Schutzumschlag mit der schwarzen Frau verbirgt sich ein weiteres. Wenn man den Band entblößt, zeigt sich – direkt auf den Einband geklebt – ein dramatisch illuminiertes Nachtpanorama: *Skyscrapers*, die sich zu den Wolken strecken. *Spotlights*, die durch die Dunkelheit fegen. Myriaden von Lichtern – der Sternenhimmel scheint von der Megacity fortgesetzt, ja eigentlich geschluckt zu werden. Dieses dystopische New York ist die fantastische Kehrseite des äußeren Coverbildes, das sich so nah wie möglich an die Realität hält. So werden in der Buchgestaltung alle Möglichkeiten ausgeschöpft, um die Kakofonie der Stadt, das urbane Millefeuille zu evozieren. New York ist der Traum, ist das Elend, ist das Leben.

Die Titelfotografien, wie auch die zweiunddreißig anderen Schwarz-Weiß-Aufnahmen des Bandes,[3] wurden von Sibylle Bergemann während eines anderthalbmonatigen USA-Aufenthalts aufgenommen. Bergemann reiste mit ihrem Lebensgefährten Arno Fischer. Schon ein paar Jahre zuvor, 1978, war Fischer mit dem Dokumentarfilmer Peter Voigt nach New York gereist, um im Archiv der Fotoagentur Magnum zu recherchieren. Bergemann trat im selben Jahr in den Verband Bildender Künstler ein, in die Sektion «Gebrauchsgrafik»,[4] was die Voraussetzung für die Bewilligung von Studienreisen war. Dennoch zieht sich die Erteilung ihrer Ausreisegenehmigung in die Länge. Erst nach einem offiziellen Antrag und nach über einem Jahr Wartezeit wird Bergemann und Fischer am 14. August 1984 ein Visum zuteil. Einen Monat später, am 25. September, hebt die Maschine ab. In New York finden sie schnell Anschluss über Thomas Hoepker und Eva Windmöller, alte westdeutsche Freunde aus Ostberlin. Der Fotograf und die Journalistin arbeiten seit 1976 als New-York-Korrespondenten für den *stern*, zuvor hatten sie zwei Jahre aus Ostberlin berichtet. Die Freunde aus dem Westen helfen Bergemann und Fischer, erste Schneisen durch die Großstadt zu schlagen.[5]

3 Bergemanns Farbfotografien der USA sind zu einem großen Teil unveröffentlicht. Vgl. Lily von Wild: Die reisende Bergemann vor 1989, in: Thomas Köhler/Katia Reich (Hg.): Sibylle Bergemann. Stadt Land Hund. Fotografien 1966–2010, Berlin 2022.

4 Eine eigenständige Sektion «Fotografie» wurde erst 1981 eingerichtet.

5 Lily von Wild: Ein Vergleich der fotografischen Bildsprachen von Sibylle Bergemann, Arno Fischer und Thomas Hoepker. Fotografieren in der DDR und in Amerika, Folkwang Universität der Künste 2020/21. Mit Dank an die Autorin für die Einsicht in das unveröffentlichte Typoskript.

Auch Fischer wird 1988 im Verlag Volk und Welt ein Buch, *New York – Ansichten*, veröffentlichen, das Aufnahmen von seinen beiden Aufenthalten in New York enthält[6] – insgesamt 150 Fotografien über die «Stadt der Extreme», die von einer Textcollage von Heiner Müller eingeleitet werden.[7] Volk und Welt hatte sich auf Reisebücher spezialisiert, ein Genre, das sich in einer hinter einer Mauer gefangenen Gesellschaft großer Beliebtheit erfreute.[8] Bergemanns Projekt hingegen ist kein Reiseführer und auch kein klassisches Fotobuch, sondern ein dialogisches Künstlerbuch zwischen einer Schriftstellerin und einer Fotografin. Trotz der Leerstelle Bergemanns auf dem äußeren Einband enthalten die Klappen des Schutzumschlags zwei Texte, die von der einen Protagonistin des Bandes an die andere gerichtet sind. Über ihnen befindet sich je ein Porträt, wodurch die Augenhöhe zwischen den beiden Frauen hergestellt wird. Dieses Buch bildet die Kreuzung asynchroner Blicke ab, einen Austausch von Eindrücken über die Stadt in Wort und Bild, ohne dass eine Form der anderen untergeordnet wird.

Das fließende Genre des Buches gibt Bergemann einen gewissen Spielraum. Amerika, dieser Vorposten des «KA» («Kapitalistischen Auslands») und *heartland* des Imperialismus, ist in der DDR ein weltanschaulicher Kampfort. In den 1980er Jahren setzt jedoch in Ostdeutschland eine gewisse Tauwetter-Periode ein, es entstehen Austauschbeziehungen zwischen der DDR und Amerika. Für die Behörden wird es zudem immer schwieriger, den Einfluss von westlicher Popmusik, Filmen und Mode auf die Jugend einzudämmen. In der Vorstellung der Ostdeutschen kollidiert das von der begehrenswerten Westkultur gebildete Mosaik von Symbolen mit den offiziellen Doktrinen.

Auch die antikolonialen Solidaritätsgesten verkomplizieren die Lage. Die von der Regierung geförderte Kampagne «Eine Million Rosen für Angela Davis» gipfelte im Besuch der berühmten Bürgerrechtlerin in der Hauptstadt der DDR, kurz nach ihrer Entlassung aus einem kalifornischen Gefängnis im Jahr 1972. Gewiss wurde mit solchen transatlantischen Gesten die Rassendiskriminierung in den USA angeprangert, doch gleichzeitig auch das Verbindende gesucht. So finden sich etwa auf den Stelen des 1977 von der SED in Auftrag gegebenen Marx-Engels-Denkmals

6 Vgl. Arno Fischer: New York – Ansichten. Mit einem Text von Heiner Müller, Berlin 1988. In der Buchgestaltung spiegelt «New York – Ansichten» «Himmelhölle Manhattan». Auf eine Straßenszene (Cover) folgt bei Fischer eine Nachtansicht (Vorsatzpapier) der New Yorker Skyline.

7 «Bevor man stirbt, sollte man New York gesehen haben, einen der großen Irrtümer der Menschheit.» Heiner Müller: New York oder Das eiserne Gesicht der Freiheit, in: Fischer: New York – Ansichten, S. 7.

8 Fischer hatte zuvor bei «Volk und Welt» schon Reisebücher über Polen (1974), Leningrad (1981) und Delhi (1983) veröffentlicht.

9 Die Gruppe bestand nach der deutschen Wiedervereinigung unter dem Namen «Jüdischer Kulturverein Berlin» (JKV) fort.

Fotografien der Amerikaner Paul Strand, Susan Meiselas oder Russell Lee. Auch die Präsenz von Afroamerikanern in Bergemanns Bildern beschwört ein anderes Amerika. Allein das Titelbild zeigt eine Sensibilität für die Bürger «zweiter Klasse». Auf ein Foto, das einen schwarzen jungen Mann und einen orthodoxen Juden an einem öffentlichen Telefon zeigt, folgt drei Doppelseiten weiter eines von elegant gekleideten, weißen Passanten in einem gehobenen Viertel; die Bildunterschrift markiert die Trennung: «Bessere Leute».

Eine andere Gemeinschaft gerät immer wieder in den Fokus von Bergemanns Linse: die orthodoxen Juden von New York. Eine Fotografie zeigt einen Mann und ein Kind, den ersten schwarz gekleidet mit Hut, das zweite mit Kippa, die vor dem Schaufenster eines Porzellanladens spielen. Einige Seiten weiter werden zwei ähnlich gewandete junge Männer gezeigt, die mit dem Rücken zur Kamera stehen und sich lächelnd einander zuwenden. Das Staunen über diese Figuren unterstreicht ihre Abwesenheit in Deutschland. Erklärbar werden diese Bilder sicher auch dadurch, dass Runge ein engagiertes Mitglied der jüdischen Gemeinde in Ostberlin war. Sie gründete 1986 mit mehreren anderen Intellektuellen die Gruppe «Wir für uns – Juden für Juden», die es sich zur Aufgabe gemacht hatte, den in die DDR remigrierten Kindern kommunistischer Juden wieder Zugang zu ihrer Kultur zu ermöglichen.[9]

Bergemanns Bilder enthalten zwar Kapitalismuskritik, vermeiden jedoch wie Runges Text jede Parteidoktrin. Wie viele Intellektuelle und Künstler, die trotz ihrer sozialistischen Ideale nie Mitglied der SED wurden, lässt Bergemann nie von der ihr eigenen Lakonie ab. Auch in der Zusammenarbeit mit Zeitschriften, die wie alle öffentlichen Medien vom Staat kontrolliert wurden, gibt sie ihre innere Unabhängigkeit nicht auf. In den 1980er Jahren dokumentiert die Fotografin im Auftrag des Kulturministeriums der DDR die Entstehung des bereits genannten Denkmals für Marx und Engels. Auch diese mittlerweile ikonische Arbeit, veröffentlicht unter dem Titel *Das Denkmal*, offenbart einen Blick, der sich dem Diktat der Propaganda entzieht: Bergemann zeigt mit schneidender Objektivität die Etappen der Entstehung des Denkmals, ohne ihrerseits dem Personenkult der Partei zu

Abb. 2
«Statue of Liberty», 1984. Foto von Sibylle Bergemann.

Abb. 3
«Bag Lady am Union Square», 1984. Foto von Sibylle Bergemann.

opfern. In ähnlicher Weise spiegeln ihre Bilder von New York eine Fülle widersprüchlicher Eindrücke; sie verfallen weder in platte Bewunderung noch in undifferenzierte Ablehnung. Wie Fischer, Peter Voigt und Heiner Müller, die zum Künstlerkreis um Bergemann gehören, gelingt ihr der Spagat zwischen der Ablehnung der amerikanischen Warenkultur, der Hinwendung zu den Menschen und der Bewunderung für dortige Künstler.[10]

Die eingangs beschriebene Abbildung einer Müll- und Ruinenlandschaft wird durch weitere drastische Bilder verstärkt. Neben Runges Erzählung ihrer Zollkontrolle bei der Ankunft, sticht besonders ein Bild der Freiheitsstatue ins Auge, die durch ein riesiges Baugerüst fast unsichtbar geworden ist *(Abb. 2)*. Als Bergemann und Fischer selbst in den USA landen, bereitet New York gerade mit der Restaurierung der Bartholdi-Statue deren einhun-

10 Fischer und Voigt wählten die Fotografien für das Marx-Engels-Denkmal aus. Heiner Müller bewunderte die Romane von William Faulkner und das amerikanische Kino. Seit 1984 arbeitete er mehrfach mit dem Regisseur Robert Wilson zusammen. Auch Müller fotografierte auf seinen Amerika-Reisen. Vgl. Heiner Müller: Der amerikanische Leviathan, Berlin 2020.

11 Von dem Schweizer Fotografen René Burri, Mitglied der Agentur Magnum und Autor von «Les Allemands» (1963), gibt es Aufnahmen →

→ aus dem selben Jahr, die die Metallstrukturen rund um den gekrönten Kopf der Statue zelebrieren. Auch Fischer zeigt in seinem Buch «New York – Ansichten» die zugerüstete Freiheitsstatue.

12 «Ihr Arm mit dem Schwert ragte wie neuerdings empor, und um ihre Gestalt wehten die freien Lüfte», in: Franz Kafka: Amerika, Frankfurt/M. 1986, S. 9.

13 Müller: New York oder Das eiserne Gesicht der Freiheit, S. 5 f.

dertsten Geburtstag vor und möchte so die Werte, für die das Monument steht, erneut bekräftigen.[11] Doch in Bergemanns Fotografie wird die von der Neuen Welt versprochene Freiheit durch das Gerüst mit einem starken Fragezeichen versehen. Die Stahlkonstruktion wirkt wie ein Schutzwall – wie ein unüberwindliches Hindernis zwischen dem Auge des Betrachters und der Statue, die nur noch als schemenhafte Silhouette zu erkennen ist. Es ist ein fernes Echo auf Franz Kafkas Anrufung der Freiheitsstatue in seinem Buch *Amerika*,[12] das Heiner Müller zwei Jahre später in seiner Einleitung zu Fischers Fotografien zitiert: «In Kafkas AMERIKA trägt die Freiheitsstatue an der Hafeneinfahrt von New York ein Schwert statt der Fackel. In New York zeigt die Freiheit ihr eisernes Gesicht. Manchmal ist es das Gesicht der Gorgo, deren Blick versteint.»[13]

Abb. 4
«Diskothek Area», 1984.
Foto von Sibylle Bergemann.

Die metallische Einrüstung der Freiheit findet auf anderen Seiten des Buches perfekte Kontrapunkte: Ein eingesperrter Hund drückt seine Schnauze von innen an das Seitenfenster eines Wagens. Auf dem Union Square schiebt eine obdachlose Frau mühsam einen riesigen Wagen mit Bündeln vor sich her, wie eine Schnecke ihr Haus *(Abb. 3)*. Das Bild beschwört die Unbehaustheit in der kapitalistischen Welt, aber es strahlt auch jene fast intime Zärtlichkeit aus, die Bergemanns Blick auf die Abgehängten auszeichnet: Die einsame alte Frau, die in Paris bei einem Glas Wein sitzt, oder der Stadtstreicher, der auf dem leeren Gelände am Potsdamer Platz seinen Drachen sinken lässt, sind verwandte Motive.

Überhaupt lebt der Band *Himmelhölle Manhattan* von impliziten Nachbarschaften: Die jungen Punks am Washington Square sind von derselben Unruhe befeuert wie die Rebellen vom Prenzlauer Berg. Diese Verwandtschaften von Bildern, die an verschiedenen Orten der Welt aufgenommen wurden, zeigen Bergemanns Sympathie mit den Randständigen und Marginalisierten: Einsam-

Abb. 5
«Shepherd Dog in the Car», 1984. Hunde tauchen immer wieder in Sibylle Bergemanns Fotografien auf. Aber dieser hat es nicht in die «Himmelhölle Manhattan» geschafft.

keit, Zerbrechlichkeit, auch Asozialität kennen keinen besonderen Ort, sondern sie sind ein universales Schicksal. Manche Bilder erinnern an die Fotos von Robert Frank aus seiner berühmten Serie *The Americans*, die für Bergemann und Fischer wie für viele Fotografen der Zeit eine maßgebliche Quelle der Inspiration waren. Das Künstlerpaar hatte Frank bei seinem Besuch in Ostberlin 1985 kennengelernt.

Solche Ähnlichkeiten tragen dazu bei, über die scharfen Kontraste und die tausend Facetten hinaus ein vertrautes Bild von New York zu formen. Der auf einem Dach thronende Wassertank verweist auf die grauen und melancholischen Landschaften des Prenzlauer Bergs der 80er Jahre, die *Trompe-l'oeil* unter der Brooklyn Bridge erinnern an die trügerischen Fassaden der Karl-Marx-Allee. Die Abzüge in Bergemanns Archiv belegen die Beständigkeit bestimmter Motive: So tauchen Hunde und Engel immer wieder in ihrem Werk auf. Ein Engel ist genauso in einem verlassenen Hinterhof in Mitte zu finden wie in einer Diskothek in Manhattan *(Abb. 4 und 5)*.

Das vorletzte Bild des Buches zeigt eine junge Frau, die auf einer Bank in Coney Island sitzt. Die Bank ist dem Meer zugewandt, und die junge Frau blickt direkt in das Objektiv der Fotografin. Was sagt uns ihr Blick? Dass sie endlich auf festem Boden angekommen ist? Oder drückt sie im Gegenteil ihre Neugier aus – auf ein Anderswo, auf neue Horizonte? Bilder von Ulrich Wüst aus seiner Serie *Spätsommer* kommen einem in den Sinn: Sommerurlauber am Strand von Kühlungsborn, die mit den Füßen im Wasser verträumt in die Ferne blicken. Vom Ufer des Atlantiks aus blickt die junge Frau von Coney Island zurück und wirft ein Echo auf Runges letzten Satz im Buch: «New York. Wie schon? I love it. Und ich bin froh, wieder zu Hause zu sein.»

Aus dem Französischen von Daniel Schönpflug

Bildnachweis:
Abb. 1–5: © Sibylle Bergemann/ OSTKREUZ.

Archiv

Ulrich von Bülow

Der Koffer des Kulturministers

1 Autor Christoph Hein über den Osten. Ein Spiegel-Gespräch von Tobias Rapp, in: Der Spiegel vom 4. April 2025, S. 103–105.

I.

«Von der DDR wird nichts bleiben. Sie wird vergessen werden.» Dieser Satz, den Christoph Hein in einem Interview zu seinem Buch *Das Narrenschiff* äußerte, ist eine provokative Übertreibung.[1] Denn, dass es jede Menge Erinnerungen, Archivalien und Artefakte aus der DDR gibt und dass nicht wenige in Museen, Bibliotheken und Archiven überdauern werden, steht außer Frage. Vermutlich wollte Hein sagen: Das durch eigene Erinnerung noch wache Interesse an diesen Dingen und an der Kultur, der sie entstammen, wird bald verschwinden. In nicht ferner Zukunft wird sich, von ein paar Experten abgesehen, niemand mehr an die DDR erinnern, und so wird sie langsam, aber sicher aus dem kollektiven Gedächtnis entschwinden.

Ob es so kommen wird, bleibt abzuwarten. In jedem Fall steht, wer das Leben in Diktaturen beschreiben will, vor der Schwierigkeit, dass die meisten zur Verfügung stehenden Quellen offizieller Art sind. In dieser Hinsicht kann man es einen Glücksfall nennen, dass das Deutsche Literaturarchiv Marbach im Juni 2023 einen Koffer erwerben konnte, der 289 Briefe von Privatpersonen enthält, die 1983 an den damaligen Kulturminister der DDR geschrieben wurden *(Abb. 1)*. Sie zeigen, wie Bürgerinnen und Bürger der DDR mit einem Vertreter ihrer Regierung kommunizierten, wobei das Spektrum der Haltungen von bedingungsloser Anpassung über politisches Desinteresse und strategischem Kalkül bis hin zu offener Kritik reicht. Die Briefe sind weder ganz privat noch eigentlich öffentlich, ihre Verfasserinnen und Verfasser wussten nicht, wer die Briefe außer dem Minister noch lesen würde.

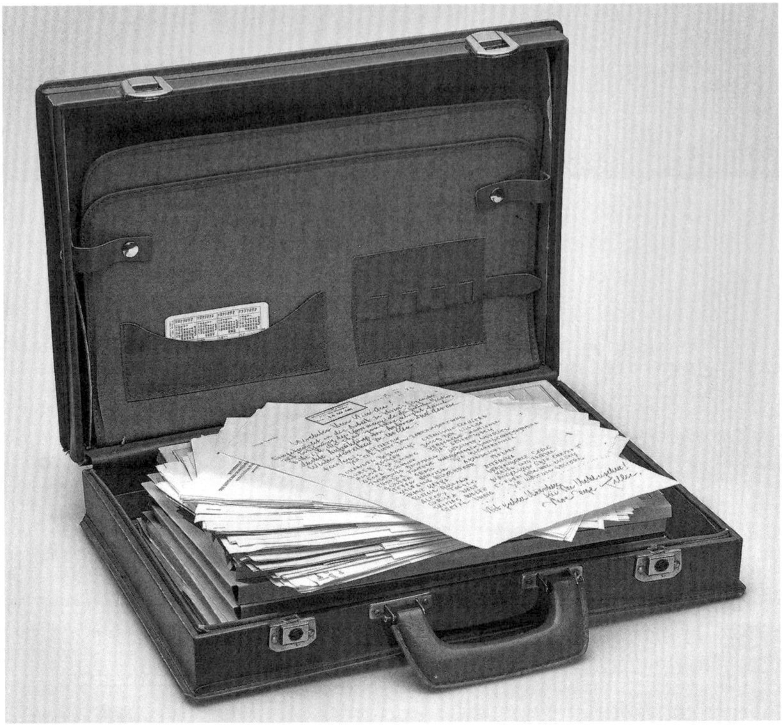

Abb. 1
Zeitkapsel DDR-Kulturpolitik: Der Koffer des Kulturministers mit den 289 Antwortbriefen.

Hans-Joachim Hoffmann (1929–1994), der von 1973 bis 1989, also fast während der gesamten Ära Honecker, Kulturminister war, ist im Ausland vor allem am Ende seiner Amtszeit bekannt geworden, als er im Juni 1988 in einem Interview öffentlich die «Perestroika» begrüßte. Damals begründete er seine ungewöhnliche und mutige Stellungnahme, die ihm unter seinen Parteigenossen viel Ärger einbrachte, mit dem Hinweis auf Lenin, der gesagt habe, «die konkrete Analyse der konkreten Situation ist die lebendige Seele des Marxismus. Ein großes Wort, das mein Leben geprägt und bestimmt hat.»[2] In der Tat hat er sich von Anfang an oft mit Künstlern und Schriftstellern getroffen.[3] Viele schienen mit dem Kulturminister die Hoffnung zu verbinden, er würde sich gegenüber Honecker für mehr Freiheiten einsetzen. Unter Anspielung auf ein Buch des französischen Reformkommunisten Roger Garaudy hatte Honecker 1973 verkündet: «Einen ‹Realismus ohne Ufer›, der die sozialistische Ideologie preisgibt und auf dem Brackwasser bürgerlicher Denkart dahintreibt, haben wir stets abgelehnt und lehnen ihn ab.»[4] Die Ausbürgerung von Wolf Biermann 1976 bewirkte einen Exodus von Kulturschaffenden aus der DDR, hatte aber auch zur Folge, dass die im

2 Hans-Joachim Hoffmann: «Das Sicherste ist die Veränderung». Gespräch mit dem DDR-Kulturminister, in: Theater heute, 29 (1988), S. 10-20, hier S. 20.

3 Vgl. die Beiträge von Kurt Masur, Werner Tübke, Siegfried Matthus, Lothar Bisky u. v. a. in dem von Gertraude Hoffmann und Klaus Höpcke herausgegebenen Erinnerungsband «Das Sicherste ist die Veränderung». Hans-Joachim Hoffmann. Kulturminister der DDR und häufig verdächtigter Demokrat, Berlin 2003.

4 Zügig voran bei der weiteren Verwirklichung der Beschlüsse des VIII. Parteitages der SED. Aus dem Bericht des Politbüros an die 9. Tagung des ZK der SED. Berichterstatter. Genosse Erich Honecker, Berlin 1973, S. 64 f.

Land Gebliebenen die Unterordnung von Kunst und Literatur unter die Ideologie immer weniger akzeptierten.

In dieser heiklen politischen Lage befürworteten Kulturminister Hoffmann und sein Stellvertreter, der «Buchminister» Klaus Höpcke, eine gewisse Lockerung der Zensur. Beide benutzten dabei als eine Art Chiffre den Begriff «Leseland», mit dem Honecker 1981 auf einer Parteitagsrede den Umfang der Buchproduktion und das geistige Niveau der Bevölkerung gerühmt hatte.[5] Hoffmann dagegen plädierte im Frühjahr 1983 unter dem Stichwort «Leseland» dafür, «unbeirrt die Konzeption des geistigen Reichtums zu verwirklichen», ohne den auch ein «ökonomische[r] Leistungsanstieg [...] nicht zu denken sei».[6] Damit bescheinigte er der gegenwärtigen DDR-Kultur implizit zumindest Verbesserungsmöglichkeiten, wenn nicht Defizite.

II.

Gemäß der Forderung Lenins, die je konkrete Situation zunächst vorurteilsfrei zu analysieren, erkundete Hoffmann im Herbst 1983, wie es um die geistige Reife der Bürgerinnen und Bürger seines Landes bestellt war. Da es eine empirische Sozialforschung in der DDR aus ideologischen Gründen nicht oder nur in ersten Anfängen gab,[7] startete er kurzerhand eine Umfrage auf eigene Faust und schrieb an etwa dreihundert Personen folgenden Rundbrief: «Schon seit langem beschäftigt mich der Gedanke, die Bedürfnisse nach Literatur in unserem Lande, das sich aus gutem Grund ein ‹Leseland› nennt, genauer zu erkunden. Mir liegt vor allem an den Erfahrungen eines sozial wie altersmäßig weit gefächerten Leserkreises im Umgang mit Literatur unterschiedlichster Genres – nicht nur der Belletristik – und geografischer Herkunft.» Er bittet die Adressaten, ihm etwa zehn Bücher zu nennen, «die Ihnen einen besonders nachhaltigen Eindruck hinterlassen haben und von denen Sie meinen, daß sie auch Ihre Freunde unbedingt gelesen haben sollten.» Davon versprach sich der Minister, wie er wohl absichtlich vieldeutig formulierte, «fruchtbare Anregungen für eine behutsame schöpferische Einflußnahme auf die literarische Produktion und auf die Arbeit der Bibliotheken, des Buchhandels, der Kulturhäuser usw. in den kommenden Jahren.»

5 Erich Honecker: Bericht des Zentralkomitees der Sozialistischen Einheitspartei Deutschlands an den X. Parteitag der SED, Berlin 1981, S. 104.

6 Hans-Joachim Hoffmann, [Beitrag zur Diskussion am 1.6.1983] in: IX. Schriftstellerkongreß der Deutschen Demokratischen Republik. Rede und Diskussion, Leipzig 1984, S. 160.

7 Erst seit Ende der 70er Jahre wurde an der Universität Halle Lesesoziologie betrieben. Vgl. Funktion und Wirkung. Soziologische Untersuchungen zur Literatur und Kunst, hg. von Dietrich Sommer u. a., Berlin/Weimar 1978, sowie Leseerfahrung – Lebenserfahrung, hg. von Dietrich Sommer u. a., Berlin/Weimar 1983.

Die 289 erhaltenen Antwortschreiben zeigen, dass wirklich fast alle sozialen Gruppen und Schichten einbezogen wurden. Vertreten waren neben Betriebsleitern auch Schichtarbeiter, Männer und Frauen, Alte und Junge, Stadt- wie Landbewohner. Es finden sich Kombinatsdirektoren verschiedenster Industriezweige vom Schienenfahrzeugbau bis zur Oberbekleidung, Ärzte, Offiziere der Nationalen Volksarmee, Sportler, Wissenschaftler und Kulturschaffende aller Sparten: Theater- und Filmleute, Schriftsteller, bildende Künstler, Komponisten und Sänger, immer beiderlei Geschlechts. Die Antworten sind vielfältiger und selbstbewusster, als man vielleicht erwarten würde. Schon die Anrede des Ministers variiert auf jeweils bezeichnende Weise. Manche schreiben «Werter Genosse», andere schlicht «Herr Hoffmann».

III.

Heini Fritzsch, Generaldirektor des VEB Kombinat Oberbekleidung Lössnitz beschreibt die Vorteile des Lesens in schönem Funktionärsdeutsch: «Lernen aus Büchern ist ein billiges Investitionsmittel. Lernen, um meine Tätigkeit als Generaldirektor eines Kombinates für die komplexe Leitung des Reproduktionsprozesses ständig zu qualifizieren.» Dementsprechend listet er in der DDR erschienene Fachbücher auf, die Titel tragen wie *Leitung der sozialistischen Wirtschaft, Verantwortung und Arbeitsweise des Leiters* oder *Kombinate erfolgreich leiten*.[8]

Die Schichtarbeiterin Trautel Siebert, die in einem Dorf im Dreischichtrhythmus am Rundstrickautomaten arbeitet, hat breitere Interessen: «Werter Herr Dr. Hoffmann! Ihre Anfrage war ein guter Grund, mal gründlich in mein Bücherregal zu schauen. Es sammelt sich mit den Jahren allerlei an. [...] Mit meinem Buchbestand geht es kreuz und quer durch viele Sparten. So verfüge ich über utopische Literatur und Krimis. Gartenbücher stehn neben vielen Bänden der Archäologie.» Besonders schätzt sie Goethe und vertritt die Meinung, «daß einfach alle Goethes Faust I gelesen haben sollten. Der Ausdruck, die Sprache, das Selbstverständliche dieses Werkes ist einmalig. Die Aufführung im Theater Karl-Marx-Stadt besuchte ich zweimal. Der Kampf des Mephistopheles um den Menschen liest sich großartig. Dau-

8 Heini Fritzsch an Hans-Joachim Hoffmann, Brief vom 11.11. 1983 (DLA Marbach).

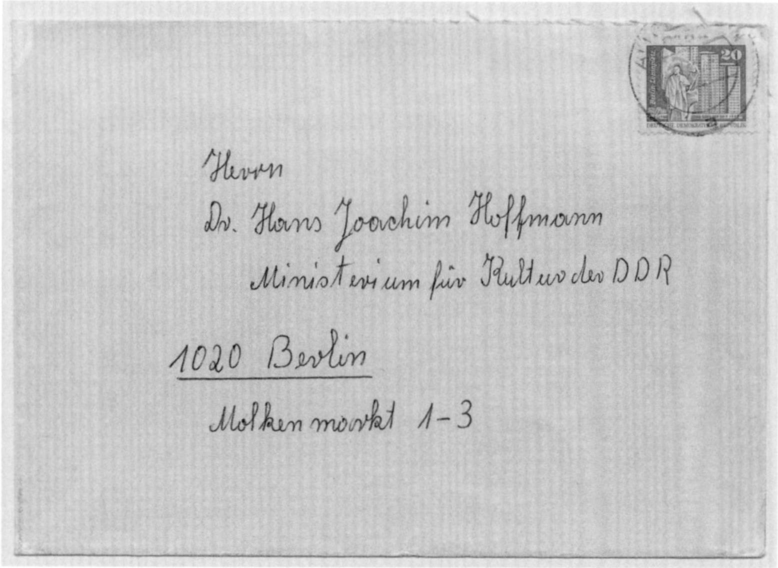

Abb. 2
Antwortkuvert der Schichtarbeiterin Trautel Siebert. Sie legte ihrem handschriftlichen Brief an den Minister (vom 19.11.1983) eine Liste ihrer favorisierten Buchtitel bei – von «Faust I» über «Tibet» (Reisebuch) bis «Blumenbücher».

ert dieser Kampf nicht heute noch an?» Auf ihrem Lektüreprogramm stehen auch Reisebücher, etwa ein Buch über Tibet, um diesen «Winkel unserer Erde wenigstens auf dem Papier kennenzulernen» *(Abb. 2)*.[9]

Der «Fliegerkosmonaut» Sigmund Jähn, der in der DDR ausgiebig als erster Deutscher im All gefeiert wurde, nennt Bücher von Hermann Kant, die Erinnerungen des Verteidigungsministers Heinz Hoffmann und sehr ausführlich den gerade erschienenen Roman *Der Tag zieht den Jahrhundertweg* von Tschingis Aitmatow. Er verschweigt am Ende auch nicht seine Begeisterung für das Buch *Mümmelmann* des deutschen Heidedichters Hermann Löns, dessen Tiergeschichten er bereits als Kind gern gelesen habe: «Obwohl ich weiß, wie ich Löns einzuordnen habe, finde ich auch heute noch Gefallen an der Erzählweise von Löns und nehme mir ab und zu ein paar Seiten seiner Naturbeschreibungen vor.»[10]

Der Schlagersänger Frank Schöbel gesteht gleich zu Beginn seines dreiseitigen handschriftlichen Briefs: «Sie haben Pech mit mir, aber auch das ist vielleicht das Leben, ich bin so 'ne Art ‹Lesemuffel›.» Dann nennt er als sein Vorbild Albert Schweitzer, dessen in der DDR erschienene fünfbändige Werkausgabe er offenbar gelesen hat, und gesteht, dass Maxi Wanders Reportagen *Guten Morgen, du Schöne* ihm als eine «Lebenshilfe» gedient haben. Beruflich wünscht er sich vom Minister für «unsere Texter» ein großes Synonymwörterbuch.[11]

9 Trautel Siebert an Hans-Joachim Hoffmann, Brief vom 19.11.1983 (DLA Marbach).

10 Sigmund Jähn an Hans-Joachim Hoffmann, Brief vom 15.11.1983 (DLA Marbach).

11 Frank Schöbel an Hans-Joachim Hoffmann, Brief ohne Datum (DLA Marbach).

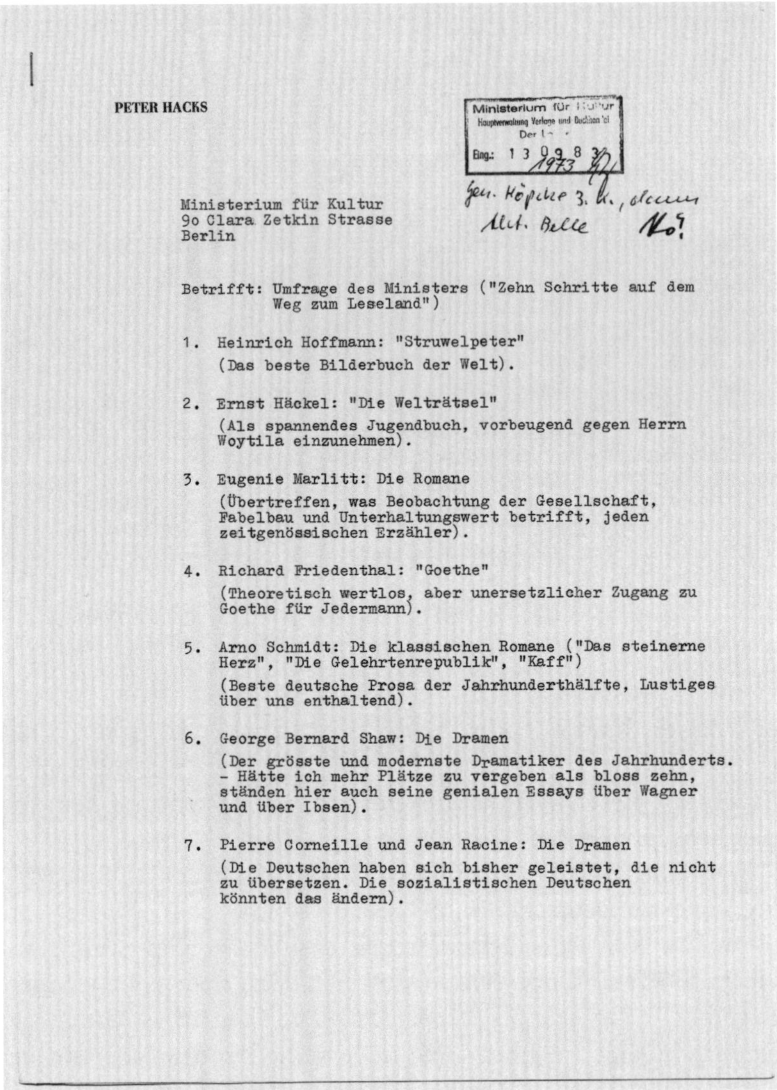

PETER HACKS

Ministerium für Kultur
9o Clara Zetkin Strasse
Berlin

Betrifft: Umfrage des Ministers ("Zehn Schritte auf dem Weg zum Leseland")

1. Heinrich Hoffmann: "Struwelpeter"
(Das beste Bilderbuch der Welt).

2. Ernst Häckel: "Die Welträtsel"
(Als spannendes Jugendbuch, vorbeugend gegen Herrn Woytila einzunehmen).

3. Eugenie Marlitt: Die Romane
(Übertreffen, was Beobachtung der Gesellschaft, Fabelbau und Unterhaltungswert betrifft, jeden zeitgenössischen Erzähler).

4. Richard Friedenthal: "Goethe"
(Theoretisch wertlos, aber unersetzlicher Zugang zu Goethe für Jedermann).

5. Arno Schmidt: Die klassischen Romane ("Das steinerne Herz", "Die Gelehrtenrepublik", "Kaff")
(Beste deutsche Prosa der Jahrhunderthälfte, Lustiges über uns enthaltend).

6. George Bernard Shaw: Die Dramen
(Der grösste und modernste Dramatiker des Jahrhunderts. - Hätte ich mehr Plätze zu vergeben als bloss zehn, ständen hier auch seine genialen Essays über Wagner und über Ibsen).

7. Pierre Corneille und Jean Racine: Die Dramen
(Die Deutschen haben sich bisher geleistet, die nicht zu übersetzen. Die sozialistischen Deutschen könnten das ändern).

Abb. 3
«Betrifft: Umfrage des Ministers (‹Zehn Schritte auf dem Weg zum Leseland›).» Antwort von Peter Hacks an das Ministerium für Kultur, 11.9.1983.

Werner Tübke verwendet die Anrede «Sehr geehrter Genosse Minister, lieber Jochen» und erläutert im Telegrammstil, was er an seinen Lieblingsautoren schätzt: «Zusammenhängendes Denken und Sprache bei Thomas Mann, Unübersicht [sic], Leid und Tiefe bei Hölderlin, Endlosigkeit, Beschreibung von Wirklichkeit und Schicksal bei den Russen.» Bei diesen denkt er nicht an die Vertreter des sozialistischen Realismus, sondern an Tolstoi und Dostojewski (dem er irrtümlich die *Kreutzersonate* zuschreibt).[12]

Auch die Lektüre-Liste von Peter Hacks, der die Umfrage des Ministers ironisch unter das Planziel «Zehn Schritte auf dem Weg zum Leseland» stellt, enthält kein in der DDR geschriebenes Buch *(Abb. 3)*. Stattdessen empfiehlt er mit starken Urteilen in

12 Werner Tübcke an Hans-Joachim Hoffmann, Brief vom 26.9.1983 (DLA Marbach).

kurzen Glossierungen Heinrich Hoffmanns *Struwelpeter* («Das beste Bilderbuch der Welt»), Ernst Häckels *Die Welträtsel* («vorbeugend gegen Herrn Woytila einzunehmen»), Eugenie Marlitts Romane («Übertreffen, was Beobachtung der Gesellschaft, Fabelaufbau und Unterhaltungswert betrifft, jeden zeitgenössischen Erzähler»), Richard Friedenthals *Goethe,* Arno Schmidts Romane, die Dramen von George Bernard Shaw, Pierre Corneille und Jean Racine, Isaak Deutschers *Stalin* («Bisher überzeugendste Darstellung des ersten Lenkers eines sozialistischen Staates»), *Hegels Leben* von Karl Rosenkranz und schließlich das Protokoll des Allunionskongress der Sowjetschriftsteller von 1934 («Die ästhetische Jahrhundertdebatte»), auf dem erstmals das Programm des «sozialistischen Realismus» proklamiert wurde.[13]

13 Peter Hacks an Hans-Joachim Hoffmann, Brief vom 11.9. 1983 (DLA Marbach).

IV.

Die Pianistin Annerose Schmidt schreibt dem «sehr geehrte[n] Herr[n] Minister» einen vierseitigen Brief, in dem sie berichtet, dass sie schon früh mit Begeisterung die Bücher von Thomas Mann las. Im Vergleich damit schneidet die Gegenwartsliteratur der DDR schlecht ab: «Bei Neutsch, Noll, Wogatzki, Seghers, Bengsch, bei vielen anderen, spüre ich zu sehr den direkten Einfluß augenblicklicher staatlicher Interessen und hie und da auch das Buhlen des Autors um die Gunst der Partei.» Schuld daran seien nicht nur die Autoren, sondern auch die Politiker: «Man hat in unserer Kulturpolitik in meinen Augen zu wenig Vertrauen in unsere eigene Kraft, will das Publikum zu sehr erziehen und damit – wie es nun einmal auch im Wesen der Erziehung liegt – bevormunden, geht an der Alltagserfahrung eines jeden Menschen vorbei und meint immer, daß Zweifel oder Widerspruch grundsätzliche Kritik am Sozialismus bedeuten.»

Sie verweist auf ihre künstlerischen Verdienste und auf die Opfer, die sie ihrem Staat bereits gebracht habe. «Ich würde aber meiner Pflicht als Staatsbürgerin nicht gerecht werden, wenn ich meinen würde, wir lebten in paradiesischen Zuständen. Ich meine damit weniger die schwierigen materiellen Bedingungen, die uns im Moment bedrücken, als vielmehr die so sehr hemmenden viel zitierten subjektiven Faktoren, das Mißtrauen vieler Staatsfunktionäre kritischen Geistern gegenüber, ihre Intoleranz und ihre Arroganz den wirklichen Fachleuten gegenüber, ihr Befehlston, der schon im kleinsten VP-Kreisamt beginnt. Ein Vertrauensverhältnis hat bekanntlich immer zwei Seiten, und es sind häufig die Funktionäre, die immer nur die andere Seite meinen, nämlich uns.» Die DDR-Literatur, die unter diesen Umständen entstehe, sei «glatt, oberflächlich und von wenig handwerklichem Können geprägt. Ich habe diese Bücher immer wieder gelangweilt beiseite gelegt.»

Anders sieht das selbstredend Erik Neutsch, der Verfasser linientreuer Erzählwerke, den Annerose Schmidt in das Lager «langweiliger» DDR-Prosa eingeordnet hatte. Im Brief an den «liebe[n] Genosse[n] Hoffmann» warnt er vor den Gefahren einer allzu großen Öffnung und fragt rhetorisch: «Lassen wir die [sozialistisch-realistische Gegenwartsliteratur] nicht, und zwar, was Auflagenhöhe, Ausstattung etc. ebenfalls betrifft, seit einiger Zeit zugunsten fragwürdiger Leserbedürfnisse an Karl May und unserer Lebenshaltung sehr fernen Äußerungen des Westens in den Schatten treten?» In der Tat erlaubte die Zensur Anfang der 1980er Jahre erstmals den Druck von Büchern von Karl May.[14]

Der Vorsitzende eines Zirkels «Schreibender Genossenschaftsbauern» Wilhelm Günther, dessen Lieder «von den Chören des Dorfensembles gesungen» werden, lässt seiner Empörung freien Lauf. Er findet, dass die Gedichte des Lyrikers Karl Mickel, die seinen Vorstellungen sozialistischer Moral nicht entsprechen und die er darum «schweinisch» nennt, in der DDR nicht mehr gedruckt werden dürften.[15] Seine Intervention beim Minister hatte keinen Erfolg.

Hanns Cibulka, Bibliothekar und Autor in Gotha, listet, mit Hintergedanken ganz anderer Art, Fachbücher zu dem in der DDR tabuisierten Thema Umweltschutz auf, beispielsweise *Krebsverhütung und Umweltschutz* oder *Agrochemikalien in der Umwelt.* Das Buch *Gift in unserer Nahrung*, so erläutert er, sei nur im Westen erschienen, weil es dem Autor Wolfdietrich Eichler, einem Professor an der Humboldt-Universität, trotz jahrelanger Bemühungen nicht gelungen sei, in der DDR einen Verlag zu finden. Cibulkas Kommentar: «Schade».[16]

Der Bildhauer Wieland Förster fordert in seinem Brief an den «Hochverehrte[n] Herr[n] Minister Dr. Hoffmann» die Abschaf-

14 Vgl. Dietrich Löffler: Buch und Lesen in der DDR. Ein literatursoziologischer Rückblick, Berlin 2011, S. 111.

15 Wilhelm Günther an Hans-Joachim Hoffmann, Brief vom 19.10.1983 (DLA Marbach).

16 Hanns Cibulka an Hans-Joachim Hoffmann, Brief vom 14.9.1983 (DLA Marbach).

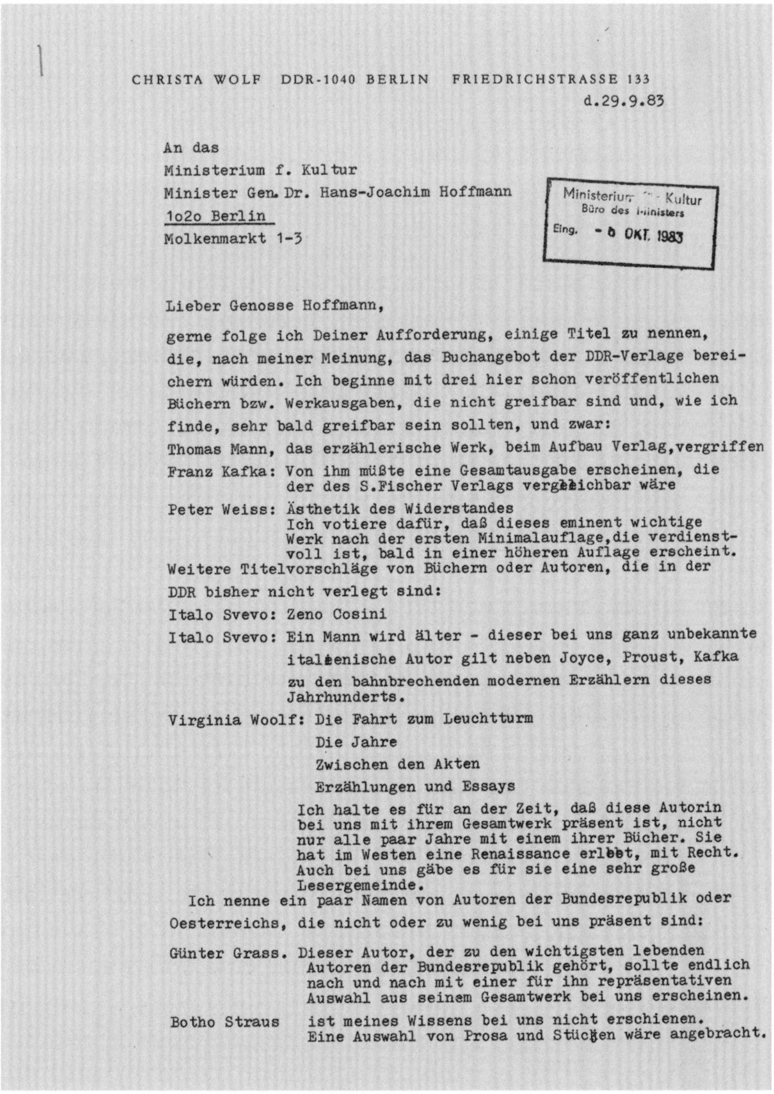

CHRISTA WOLF DDR-1040 BERLIN FRIEDRICHSTRASSE 133
d.29.9.83

An das
Ministerium f. Kultur
Minister Gen. Dr. Hans-Joachim Hoffmann
1o2o Berlin
Molkenmarkt 1-3

Ministerium [illegible] Kultur
Büro des Ministers
Eing. - 6 OKT. 1983

Lieber Genosse Hoffmann,

gerne folge ich Deiner Aufforderung, einige Titel zu nennen, die, nach meiner Meinung, das Buchangebot der DDR-Verlage bereichern würden. Ich beginne mit drei hier schon veröffentlichen Büchern bzw. Werkausgaben, die nicht greifbar sind und, wie ich finde, sehr bald greifbar sein sollten, und zwar:

Thomas Mann, das erzählerische Werk, beim Aufbau Verlag,vergriffen

Franz Kafka: Von ihm müßte eine Gesamtausgabe erscheinen, die der des S.Fischer Verlags vergleichbar wäre

Peter Weiss: Ästhetik des Widerstandes
Ich votiere dafür, daß dieses eminent wichtige Werk nach der ersten Minimalauflage,die verdienstvoll ist, bald in einer höheren Auflage erscheint.

Weitere Titelvorschläge von Büchern oder Autoren, die in der DDR bisher nicht verlegt sind:

Italo Svevo: Zeno Cosini

Italo Svevo: Ein Mann wird älter - dieser bei uns ganz unbekannte italienische Autor gilt neben Joyce, Proust, Kafka zu den bahnbrechenden modernen Erzählern dieses Jahrhunderts.

Virginia Woolf: Die Fahrt zum Leuchtturm
Die Jahre
Zwischen den Akten
Erzählungen und Essays
Ich halte es für an der Zeit, daß diese Autorin bei uns mit ihrem Gesamtwerk präsent ist, nicht nur alle paar Jahre mit einem ihrer Bücher. Sie hat im Westen eine Renaissance erlebt, mit Recht. Auch bei uns gäbe es für sie eine sehr große Lesergemeinde.

Ich nenne ein paar Namen von Autoren der Bundesrepublik oder Oesterreichs, die nicht oder zu wenig bei uns präsent sind:

Günter Grass. Dieser Autor, der zu den wichtigsten lebenden Autoren der Bundesrepublik gehört, sollte endlich nach und nach mit einer für ihn repräsentativen Auswahl aus seinem Gesamtwerk bei uns erscheinen.

Botho Straus ist meines Wissens bei uns nicht erschienen. Eine Auswahl von Prosa und Stücken wäre angebracht.

Abb. 4
Kulturelle «Bereicherung» der DDR aus dem Westen – Brief von Christa Wolf an den «Genossen Hoffmann», 29.9.1983.

fung der Zensur: «Verlegt werden muß letzten Endes alles, mit einer Einschränkung: (Brecht, Brief an Grotewohl vom 26.9.1951) ‹Keine Freiheit für Schriften und Kunstwerke, welche den Krieg verherrlichen oder als unvermeidbar hinstellen, und für solche, welche den Völkerhaß fördern.›» Am Ende klingt es fast wie eine Warnung, wenn er schreibt: «Ich glaube an die Mündigkeit des Menschen, er achtet die, die ihn achten, nicht¿»[17]

Auch Christa Wolf wendet sich gegen Bevormundung *(Abb. 4)*. Sie schreibt: «Lieber Genosse Hoffmann, gerne folge ich Deiner Aufforderung, einige Titel zu nennen, die, nach meiner Meinung, das Buchangebot der DDR-Verlage bereichern würden.»

17 Wieland Förster an Hans-Joachim Hoffmann, Brief vom 30.9.1983 (DLA Marbach).

Da Hoffmann in seinem Rundbrief zu Derartigem gar nicht aufgefordert hatte, darf man vermuten, dass sie ihn bewusst missverstehen wollte oder aber dass er die berühmte Autorin auf anderem Weg ausdrücklich gebeten hatte, zensurbedingte Lücken zu benennen. Sie nutzt die Chance und empfiehlt unter anderen Italo Svevo, Virginia Woolf, Günter Grass, Botho Strauß, Uwe Johnson, Hans Henny Jahnn, Julio Cortazar, Carlos Fuentes, Joyce Carol Oates, Ernst Bloch, Walter Benjamin, Robert von Ranke-Graves, dazu psychologische Bücher von Sigmund Freud, Alexander Mitscherlich und Alice Miller. Nicht wenige der genannten Autoren und Werke durften in den verbleibenden sechs Jahren bis zum Ende der DDR tatsächlich noch erscheinen.

Christa Wolf kannte die politischen Sprachregeln ihres Landes und spielt mit ihnen auf durchaus selbstbewusste Weise. Anstatt zu fordern, verwendet sie konjunktivische Formulierungen wie «sollte endlich nach und nach bei uns erscheinen», «wäre angebracht», «müßte erscheinen», «wäre vonnöten». Die wohlbedachte Verwendung der Wir-Form («bei uns») signalisierte grundsätzliches Einverständnis. Erst am Ende ihres Briefs redet sie fast familiär eine nicht genauer bestimmte Gruppe in der zweiten Person Plural an: «Vielleicht könnt Ihr das eine oder andere berücksichtigen.»[18]

V.

Die 289 Briefe an den Minister wurden niemals publiziert und – soweit ich sehe – nirgends öffentlich erwähnt. Vermutlich diente die Umfrage Hoffmann nicht nur zur Befriedigung seiner Neugier, sondern auch als Mittel zu einem politischen Zweck. Das zeigt ein Brief seines Freundes und Stellvertreters Klaus Höpcke an den allmächtigen Chefideologen Kurt Hager im Zentralkomitee der SED, der heute im Bundesarchiv aufbewahrt wird.[19] In Vorbereitung der nächsten Vorstandssitzung des Schriftsteller-Verbands übersendet Höpcke ihm im August 1984 eine vierzehnseitige Anlage, die eine erstaunlich ausführliche und objektive Analyse der Briefe an den Minister enthält.

Die Auszählung der erwähnten Buchautoren habe für Aitmatow 92 Nennungen ergeben, danach folgen gleich Hermann Kant (90), Erwin Strittmatter (70), Anna Seghers (62) und Dieter

18 Christa Wolf an Hans-Joachim Hoffmann, Brief vom 29.9. 1983 (DLA Marbach).

19 Klaus Höpcke an Kurt Hager, Brief vom 30.8.1984 (BArch [SAPMO], DY30/23031). Mit Dank für den Hinweis an Pawel Zajas.

Noll (47). Unter den sowjetischen Büchern lagen nach Aitmatow auf den weiteren Plätzen Simonow (48), Granin (47), Ehrenburg (42) und Scholochow (34). Aus dem Bereich der «nichtsozialistischen Länder» wurden am häufigsten, nämlich 60 bis 70 Mal, Kriminalromane genannt (Sjöwall/Wahlöö, Chandler, Christie), doch immerhin 26 Mal auch die *Ästhetik des Widerstands* von Peter Weiss. Dieses Buch wurde als Lizenzausgabe des Suhrkamp Verlags in geringer Anzahl auch in der DDR verkauft und stieß nicht zuletzt deshalb auf großes Interesse, weil darin, wie auf andere Weise auch bei Aitmatow, Kritik am Stalinismus geäußert wurde. Bei den politischen Sachbüchern wurden vor allem Memoiren führender DDR-Politiker und die Erinnerungen «sowjetischer Heerführer» je 50 bis 60 Mal empfohlen, besonders gern von Offizieren und Betriebsleitern. Die Autobiographie von Erich Honecker wurde 26 Mal genannt, ähnlich oft Marx (34), Engels (26) und Lenin (20).

Zusammenfassend folgert das Gutachten aus den Zahlen, dass die sowjetische Literatur ein «unverzichtbarer Bestandteil der Lektüre» geworden sei. Eigens erwähnt wird, dass für die DDR-Literatur «keinerlei Forderungen nach höheren Auflagen oder mehr Titeln gestellt» wurden. Die eingeforderten Desiderata, die im Gutachten vollständig aufgezählt werden, betrafen vor allem «nichtsozialistische Literatur».

Vermutlich wollten Hoffmann und Höpcke mit den Befunden der Umfrage Kurt Hager davon überzeugen, dass eine Lockerung der Zensur unschädlich und sogar nützlich sein könnte. Die Statistik belegte, dass die sozialistische Literatur aus der Sowjetunion und der DDR viel gelesen und meist sehr geschätzt wurde. Daraus konnte Hager den Schluss ziehen, dass den ideologisch gefestigten Leserinnen und Lesern nun auch zuzutrauen wäre, dass sie Bücher jenseits des etablierten Kanons richtig einordnen.

Das Gutachten unterschlägt die hier und da geäußerte Skepsis gegenüber der DDR-Literatur nicht. Sogar die oben zitierte Kritik von Annerose Schmidt wird unter der Überschrift *Übergreifende kulturpolitische Probleme* in voller Länge zitiert. Das könnte man als Versuch werten, Kurt Hager zur Einsicht in die Ursachen mangelnder Qualität der Gegenwartsliteratur zu verhelfen. Eine Reaktion von ihm ist nicht bekannt.

Bei heutiger Lektüre erstaunt die Offenheit der meisten Briefe an den Kulturminister. Offenbar wurde die seltene Möglichkeit gern ergriffen, einem Regierenden die eigene Meinung mitzuteilen und ihn am Ende sogar zu beeinflussen. Gelegentlich macht sich stilistisch eine gewisse Unsicherheit bemerkbar. Immerhin antworteten die ausgewählten Teilnehmer auf die Umfrage, ohne zu wissen, wer außer ihnen gefragt wurde, was die anderen schreiben und welchen Gebrauch das Ministerium von den Briefen machen würde. Vorgesehen waren Dialoge, aber keine öffentliche Diskussion.

Briefe von entschieden oppositionellen Autoren wie Stefan Heym, Jurek Becker, Robert Havemann, Wolfgang Hilbig, Adolf Endler oder Klaus Schlesinger sucht man im Koffer des Kulturministers vergebens. Sie wurden vermutlich nicht gefragt.

Bildnachweis:
Abb. 1–4: © DLA Marbach.

Claudia C. Gatzka

Kein Volk, nirgends

Das Grundgesetz formulierte 1949 einen doppelten Repräsentationsanspruch. Der Parlamentarische Rat wollte nicht nur im Namen des Staatsvolks der westlichen Besatzungszonen, sondern zugleich auch stellvertretend für «jene Deutschen» sprechen, denen die Mitwirkung an der Konstituante «versagt war». War die deutsche Bevölkerung der sogenannten Ostzone so in Abwesenheit mitrepräsentiert, kam die Präambel der bundesrepublikanischen Verfassung auch noch auf eine dritte Dimension von «Volk» zu sprechen: das «gesamte deutsche Volk» der Zukunft. Nur dieses sollte, so machte die Schlussbestimmung deutlich, die Kompetenz besitzen, «in freier Selbstbestimmung die Einheit und Freiheit Deutschlands zu vollenden» – und dabei auch die Möglichkeit erhalten, sich «in freier Entscheidung» eine neue Verfassung zu geben.

Damit stellte der Parlamentarische Rat seine eigene Arbeit unter einen nationalen Vorbehalt. Der unter den Folgen des Krieges getrennte Demos sollte nach seiner Vereinigung wieder als Souverän tätig werden. Der Einigungsprozess nach dem Fall der Mauer verlief dann bekanntlich anders, als die Mütter und Väter des Grundgesetzes sich ihn vorgestellt hatten, nämlich in Form eines Beitritts. Der von linken Kräften ins Spiel gebrachte Auftrag des Grundgesetzes, den vereinigten Demos irgendwie als *pouvoir constituant* tätig werden zu lassen, schien dem konservativen Bonner Staatsrechtler Josef Isensee und der Mehrheit seiner Kollegen nichts weiter als eine Elfenbeinturmdebatte, mit der jene nun noch etwas zu «bewegen» versuchten, nachdem «die nationale Einheit sich ohne sie und gegen sie in Bewegung gesetzt hat» – «Volksabstimmung als Frustrationsbewältigungstherapie für politische Führungskader.»[1]

Die pronocierte normative und institutionelle Kontinuität der bundesrepublikanischen Ordnung hatte jedoch eine Kehrseite. Der neue Demos musste repräsentiert werden: symbolisch und praktisch durch Elitenrekrutierung und politische Willensbildung. Das Experiment eines um sechzehn Millionen Mitglieder erweiterten Gemeinwesens verlangte eine demokratische Selbstbeschreibung, die der neuen Zusammensetzung des Souveräns Tribut zollte – ähnlich wie die Demokratien des 20. Jahrhunderts nach Wahlrechtserweiterungen ihre Physiognomie merklich verändert hatten. Das heute allgegenwärtige Sprechen über den «Osten» allerdings belegt, dass diese «Ko-Transformation» von Demos und demokratischer Selbstbeschreibung misslungen ist. Der Topos des «Ostens» beschreibt ein Gebiet, dessen Bewohner offenkundig kein Teil der bundesrepublikanischen Demokratie geworden sind.

Update der alten Bundesrepublik

Dass der «Osten» im öffentlichen Diskurs nach fünfunddreißig Jahren staatlicher Einheit deutlicher markiert ist als je zuvor, ist zunächst eine Folge der Form, in der die Wiedervereinigung auf der Verwaltungsebene vollzogen wurde. Die staatliche Einheit ähnelte einer Art Update des bundesrepublikanischen Systems. Aus der alten wurde eine erweiterte Bundesrepublik mit etwas mehr territorialem Bauchumfang in Gestalt «neuer Bundesländer» – mit Patenschaften der «alten» Länder samt Transfer westdeutscher Funktions- und Verwaltungseliten, die im Westen häufig genug nicht zum Zuge gekommen waren.

Die kontrovers geführte Hauptstadtdebatte und die knappe Abstimmung im Bundestag über den Umzug einiger wesentlicher, wenngleich nicht aller politischer Schaltzentralen nach Berlin deuteten früh an, dass die symbolische Repräsentation einer integrierten politischen Ordnung – mit Berlin als neuem Zentrum – den westdeutschen Parlamentariern und Regierungseliten, aber auch der westdeutschen Öffentlichkeit nicht leichtfiel, noch dazu, wenn sie sich als kostspielig erwies.

Zurückhaltung in der Repräsentation des gesamtdeutschen Demos zeigte sich auch dort, wo Realitätsbeschreibungen erzeugt und Meinungen gemacht wurden. Das Haus Burda mit Sitz in Offenburg etablierte die *Superillu* als erfolgreiches ostdeutsches Nischenprodukt und kreierte so auch einen ostdeutschen Markt, während westdeutsche und internationale Promis in der *Bunten* unter sich blieben. Den neu eingerichteten MDR bauten westdeutsche Intendanten, Programmleiter und Chefredakteure zu einer Ostidentitätsfabrik aus; als solcher avancierte er zum quotenmäßig erfolgreichsten Dritten Sender innerhalb der ARD. Qualitätsmedien mit bundesrepublikanischem Deutungsanspruch verblieben indes in den westdeutschen Zentren, von denen aus sie ihre Deutungsmacht entwickelt hatten – in Frankfurt, Hamburg oder München.

Das «politische Berlin» bildete in vieler Hinsicht einen Knotenpunkt der Außenstellen westdeutscher Organisationen und Institutionen und ist bis heute bevölkert von allerhand Funktionseliten, deren Headquarters in Bonn, Gütersloh oder Schwäbisch Gmünd liegen. Auch die nach 1990 auf ostdeutsche Lehrstühle Berufenen pendelten fröhlich von der Uni Halle-Wittenberg nach Hamburg oder von der Humboldt-Universität nach München. Mit ihnen migrierten zwar Ideen, Konzepte, Perspektiven, Modelle und Kategorien in ostdeutsche Hörsäle, doch nur sehr begrenzt wurden ostdeutsche Hörsäle zu Laboren neuer Konzepte, Modelle oder Kategorien.

Diese Asymmetrie entsprach den Mehrheitsverhältnissen in der Bevölkerung. Doch die besondere Konstellation der Vereinigung – als Produkt der Niederlage einer sozialistischen Alternative zur westlich-liberalen, kapitalistisch strukturierten Welt – lud diese Asymmetrie normativ auf und gab Raum für paternalistische Überlegenheitsgebärden. Die Treuhand ist nur das prominenteste Beispiel dafür. Ihre schwere Hypothek für die Imagination eines vereinigten Demos lag nicht nur in ihren Entscheidungen, sondern vor allem in den hierarchischen Begegnungen westdeutscher und ostdeutscher Funktionseliten im Zuge der Abwicklung.

Dass es einen staatsbürgerlichen Wissensvorsprung auf westdeutscher Seite gab, der durch die institutionelle Kontinutität etabliert wurde, und dass man sich Ostdeutsche vornehmlich als Novizen der liberalen Demokratie und des Kapitalismus vorstellte, wurde zunächst im Sprechen über «neue» und «alte» Bundesbürger sinnfällig, dann allmählich in der politischen Exotisierung des «Ostens». Die Strukturen dieses Diskurses haben sich etabliert, selbst ostdeutsche DDR-Experten reproduzieren mittlerweile die Bilder und Sprechweisen, die er über sie hervorgebracht hat.

Last Exit: Systemkonkurrenz

Verantwortlich dafür, «den Osten» als etwas politisch Eigentümliches oder Anderes, wenn nicht gar als Fremdkörper im Inneren der Bundesrepublik wahrzunehmen, war auch das Fortwirken eingeübter Externalisierungstendenzen. Der nationale Systemfeind, abschätzig als «Ostzone» bezeichnet, diente seit den Anfängen der Bundesrepublik nicht nur als totalitäre Kontrastfolie, vor der man sich als liberale Demokratie zu definieren begann. Schon früh lastete man in der Bundesrepublik extremistische Ausfälle, wie etwa die «antisemitische Schmierwelle» im Winter 1959/60, Eindringlingen aus der DDR an, die als Projektionsfläche für rechtsextremistische Phänomene herhielten. Die «Systemkonkurrenz» stellte bei Bedarf stets ein politisches Argument bereit. So wurden Protest und Widerstand, etwa im Rahmen der Friedensbewegung, oder gewalttätige Auseinandersetzungen im Wahlkampf immer wieder auf Kräfte zurückgeführt, die angeblich SED, Stasi oder FDJ aus dem Osten eingeschleust hatten.

Nach der Wende setzte sich dies im Umgang mit der PDS fort, gegen die sich in den 1990er Jahren auf Wahlkreisebene sogleich Absprachen zwischen CDU und SPD bildeten. Anders als in Teilen der ostdeutschen Wählerschaft wurde die PDS im Westen nicht so sehr als Partei der alten SED-Kader problematisiert, sondern als linksradikale Kraft, die Ressentiments schüre, um die «ewigen Protestler» einzusammeln. Die antiwestliche Stimmung, die die junge PDS verbreitete, war nicht zuletzt dem Architekten des Aufbau Ost ein Dorn im Auge. Ein Haufen «Miesmacher» seien das, ätzte Helmut Kohl.[2]

Die Beobachter in den Leitmedien gingen wie selbstverständlich davon aus, dass vierzig Jahre Kommunismus nicht spurlos am neuen Teil-Demos vorübergegangen sein konnten. Auch die Wahlsoziologie, der sich die einmalige Laborgelegenheit bot, mittel- und langfristige Prägungen durch ein kommunistisches System zu untersuchen, machte sich dies schnell als Prämisse zu eigen, obwohl die Wahlergebnisse der frühen 1990er Jahre keineswegs auf grundlegende politische Unterschiede schließen ließen: CDU und SPD konnten in Ostdeutschland sofort als «Volksparteien» reüssieren, während die Erfolge der PDS zunächst ebenso überschaubar blieben wie jene der radikalen Rechten. Tatsächlich debattierte die Wahlsoziologie in den 1990er Jahren vor allem, inwiefern der «Osten» eine «rote» Bastion war.[3]

Noch die Wahl von Rot-Grün 1998 war eine konzertierte Aktion der «neuen» und der «alten» Bundesbürger. Erst durch das gesamtdeutsche Wahlverhalten wurde ein bestimmendes Prinzip liberaler Demokratien in der Bundesrepublik verwirklicht: der durch den Urnengang herbeigeführte Politikwechsel – zuvor waren Regierungswechsel in der Bundesrepublik nur durch das «Abfallen» des Koalitionspartners zustande gekommen. Vieles deutete damals darauf hin, dass die politische Stimmung in Ost und West konvergierte.

Auch soziologische Studien wiesen schon Anfang der 1990er Jahre darauf hin, dass ost- und westdeutsche Mentalitäten nicht weit auseinanderlagen. Die Werteinstellungen im Hinblick auf Leistungsethos, Sparsamkeit und Privateigentum ähneln sich in Ost und West stark.[4] In puncto Vertrauen in organisierte Parteipolitik, Verwaltung, Polizei, Gerichte sowie in Bundesregierung und parteienstaatliche Institutionen hatten sich die Unterschiede zwischen West- und Ostdeutschen 2014 beinahe vollständig aufgelöst. Insgesamt ist die Annahme berechtigt, dass die Markierung des «Ostens» als politisches Sorgenkind die seit den 1980er Jahren zunehmend spürbare Politik- und Parteienverdrossenheit in Westdeutschland sowie die seit den 1970er Jahren endemische Demokratieenttäuschung in Westeuropa überdeckte.[5]

Pathologisierung des Partikularen

Dem Reden über den politischen «Osten» liegt eine harte ökonomische und kulturelle Realität zugrunde. Die Frage ist allerdings, wie viel Materialismus für die demokratische Topografie einer Republik sinnvoll ist. Das Beharren auf zwei distinkten sozioökonomischen Räumen, die entlang der alten

Staatsgrenze verlaufen, verschleiert zahlreiche andere Konfliktlinien: Nord-Süd-Divergenzen genauso wie Stadt-Land-Unterschiede und Spannungen zwischen Zentrum und Peripherie. Leipzig und Hamburg sind in mancher Hinsicht weniger unähnlich als der Spreewald und der Taunus, und dasselbe gilt für strukturschwache Regionen wie die Westpfalz und Teile Thüringens.[6] 1990 gab es einen durchaus aussichtsreichen Vorstoß für eine kleinere Anzahl neuer, Ost- und Westdeutschland vereinender Bundesländer – ein Plan, der einen Ausweg aus dem absehbar schlechten Länderfinanzausgleich-Saldo für wohlhabende West-Länder weisen sollte. Welche Entwicklung wäre denkbar gewesen, wenn Thüringen und Hessen, Sachsen-Anhalt und Niedersachsen, Sachsen und Bayern fusioniert wären?

Stattdessen verbreitete sich das Stereotyp vom rechtslastigen Osten, wurde «Dunkeldeutschland» zum Kalauer der *heute show* und zum «Schandfleck» eines moralisch sich besser dünkenden (West-) Deutschland.[7] Dabei waren in den 1980er Jahren die Republikaner als rechtspopulistische Partei mit extremistischen Einsprengseln in Bayern aufgestiegen. Der Rechtsextremismus der ostdeutschen «Baseballschlägerjahre» war eklatant, doch er fügte sich in eine gesamteuropäische und gesamtdeutsche Entwicklung. Daher lohnt es zu fragen, warum das partikularistische Sprechen über «den Osten» so attraktiv wurde – nicht zuletzt als Projektionsfläche für all das, was als politisch problematisch abgespalten werden sollte.

Der Osten als Gefahr für die westdeutsche Linke

Die vereinigungsaverse Linke der «alten» Bundesrepublik hatte ihre eigenen Gründe, den neuen Teil-Demos nicht als ernstzunehmende politische Größe anzuerkennen. Denn die Ostdeutschen und ihre «Revolution»» galten diesen intellektuellen Meinungsführern als naive Erfüllungsgehilfen von Helmut Kohls konsumistischer Politik. Gerade in den kulturell tonangebenden Kreisen, die sich der «konservativen Tendenzwende» in den 1980er Jahren lautstark widersetzten, firmierten die «Neubürger» gerne als «Ex-DDRler», die nicht recht zu wissen schienen, was Freiheit eigentlich bedeute, und die mit ihrem «D-Mark-Nationalismus» (Habermas) die sozialökologischen Errungenschaften der Lafontaine-SPD und der Friedens- und ökologischen Bewegungen zu konterkarieren schienen. Im *Spiegel* konnte man 1990, gleichsam als patriarchalische Meisterexegese, über die Wiedervereinigung lesen, Kohl diene sich als gütiger «Ersatz-Vater» den «so lange politisch entmündigten, Demokratie-unerfahrenen Ossis» an.[8] Das Magazin brachte wiederholt Geschichten über die durch die Einheit verpassten Chancen eines politischen Neuanfangs von links: «Oskar Lafontaine, das war die neue, die interessante SPD – doch nur so lange, bis sich die Deutschen vom Sog der Einheit mitreißen ließen.» Während «die Deutschen die schwarz-rot-goldene Fahne schwenkten», habe Oskar Lafontaine seinen Rücktrittsbrief verfasst: «Opfer der deutschen Einheit, so hätte er ihn zeichnen können.»[9]

Die linksliberalen Deutungen griffen so das von rechts ventilierte Bild einer primär nationalen Revolution – einer Vereinigungsrevolution statt einer Freiheitsrevolution – auf. Im Zuge des kollektiven Niedergangs der westdeutschen Linken und der persönlichen Wirrungen Lafontaines wurde den Ostdeutschen, die in einer breiteren Bewegung den Umsturz von 1989 getragen hatten, nachträglich ihre politische Handlungsmacht abgesprochen.

Man muss das revolutionäre «Volk» von 1989 nicht heroisieren, aber man darf angesichts des selbstgenügsamen Gejammers der westdeutschen Linken durchaus feststellen, dass die Demokratiepotenziale der Nachwendejahre weitgehend ungenutzt blieben. Seltsam resignativ verbreitete die ihnen geneigte Presse genau solche Repräsentationen des ostdeutschen Teil-Demos, die dem Wohlfühlkonsumismus der liberal-konservativen Regierung das Wort redeten, anstatt in die Städte und Dörfer des «Ostens» zu fahren und dort die Selbstregierungsimpulse aufzugreifen, die sich in Reaktion auf die Ablösung von der SED-Herrschaft zeigten.[10] Zeitgenössische Stimmen «von unten», die den ostdeutschen Demokratiehoffnungen jenseits der Runden Tische Ausdruck gaben, existierten vielerorts.[11] Die radikale Rechte Westdeutschlands hat all das später zu nutzen verstanden, nicht zuletzt weil die westdeutsche Linke es versäumte, diese Impulse aufzunehmen.

Umgekehrt waren ausgerechnet jene Kommentatoren, die sich gegen eine Verabsolutierung des Westens und seiner Werte aussprachen und dafür plädierten, dass auch vom Osten zu lernen sei, darauf aus, die Bundesrepublik auf einen neuen Nationalismus zu verpflichten. In einem Artikel über die kulturellen Dimensionen der Vereinigung argumentierte der Soziologe Friedrich Tenbruck 1991 in der *Frankfurter Allgemeinen Zeitung*, die westliche Demokratie, die sich als «Gesellschaft» beschreibe (und gegen die er polemisierte), könne vom Osten lernen, dass es Völker und Nationen gebe, die er als einzig geschichtsmächtige Entitäten ansah.[12]

Wir sind das Volk

Das Unvermögen, einen gesamtdeutschen Demos zu bilden, ermöglichte zunächst der PDS und dann einer mehrheitlich von westdeutschen Führungskadern gesteuerten AfD, jene Sprecherrolle für die stilisierte Partikularität der Ostdeutschen einzunehmen. Das Resultat war die Konstruktion einer «ostdeutschen» Regionalidentität, die sich mittlerweile anschickt, eine nationalistische, antiliberale Alternatividentität zur Verfügung zu stellen, die auf anderen Werten beruht als die westlich-liberalen Geschäftsgrundlagen der Bundesrepublik. Das geschieht nicht zuletzt unter rechtspopulistischer Vereinnahmung alter Revolutionsparolen. «Wir sind das Volk» vernimmt man heute auf rechtsextremen Demonstrationen, die sich auf ostdeutschen Marktplätzen für einen deutschen Ethnos starkmachen. Die DDR-Vergangenheit dient dabei mittlerweile als Ressource zur strategischen Entfremdung vom liberalen Westen.[13] Die Alterisierung des «Ostens» hat sich als Bumerang erwiesen.

1 Josef Isensee: Herbeigeredete Verfassungsfrage, in: F.A.Z. vom 28.11.1990.

2 Das Volk, von dem alle Staatsgewalt ausgeht, in: F.A.Z. vom 14.10.1994.

3 Vgl. Oscar W. Gabriel: Der rote Osten: Ist Ostdeutschland politisch ganz anders?, in: Evelyn Bytzek/Sigrid Roßteutscher (Hg.): Der unbekannte Wähler? Mythen und Fakten über das Wahlverhalten der Deutschen, Frankfurt/M./New York 2011, S. 157–176.

4 Winfried Gebhardt/Georg Kamphausen: Zwei Dörfer in Deutschland. Mentalitätsunterschiede nach der Wiedervereinigung, Opladen 1994, S. 167 f.

5 Bernhard Gotto: Enttäuschung in der Demokratie. Erfahrung und Deutung von politischem Engagement in der Bundesrepublik Deutschland während der 1970er und 1980er Jahre, Berlin 2018.

6 Vgl. Lukas Haffert: Stadt, Land, Frust. Eine politische Vermessung, München 2022.

7 Vgl. Tom Mannewitz: «Schandfleck» Sachsen? Über Vorurteile und Forschungsdesiderate, in: Gesellschaft – Wirtschaft – Politik 65/3 (2017), S. 369–374.

8 «Hausbacken, aber erfolgreich», in: Der Spiegel vom 18.11.1990.

9 Fremdling unter den Genossen, in: Der Spiegel vom 25.11.1990; Jürgen Leinemann: «Ich bin ein Instinktpolitiker», in: Der Spiegel vom 25.11.1990.

10 Vgl. Steffen Mau: Ausgebremste Demokratisierung, in: Aus Politik und Zeitgeschichte 33–35 (2024), S. 9–14.

11 Christina Morina: Tausend Aufbrüche. Die Deutschen und ihre Demokratie seit den 1980er Jahren, München 2023.

12 Friedrich Tenbruck: Wenn Musterschüler sich verrechnen, in: F.A.Z. vom 19.2.1991.

13 Volker Weiß: Volkes Wille im gelobten Land. Wie die Geschichtspolitik der AfD rechte Regierungen in Ostdeutschland vorbereitet, in: Blätter für deutsche und internationale Politik, April 2025, S. 107–118.

Stephan Pabst

Die DDR, die Kinder, die Gewalt

Über die jüngste ostdeutsche Genreliteratur

Literatur von Ostdeutschen über den Osten Deutschlands steht regelmäßig ganz vorne auf den Bestsellerlisten. Oft stammt sie von Autoren, die die DDR kaum noch aus eigener Anschauung kennen: Anne Rabe, Lukas Rietzschel, Hendrik Bolz, Matthias Jügler, Domenico Müllensiefen und anderen. Ihr Gegenstand ist in aller Regel die Transformationsgeschichte des Ostens, lebensgeschichtlich die Schwellenzeit der Kindheit und Jugend, mit mehr oder minder umfänglichen Rückverweisen auf deren Vorgeschichte in der DDR. Nicht dass es auch andere Bücher gäbe, die man als «ostdeutsche Literatur» besprechen könnte. Aber es waren eben die Texte dieser sogenannten Wende- und Nachwendekinder, die zuletzt als spezifisch ostdeutsche Literatur diskutiert wurden.

Die Bezeichnung «ostdeutsche Literatur» ist eine besondere Spielart der Identitätszuschreibungen im diskursiven Machtgefälle der Bundesrepublik. Sie suggeriert, dass sich die Sprecherposition allein aus der Herkunft der Autoren ableitet und dass sich ihre thematische Zuständigkeit im Osten Deutschlands erschöpft. Eine eingeführte Klassifizierung «westdeutsche Literatur» gibt es schließlich nicht, wenngleich es mit Florian Illies oder Benjamin von Stuckrad-Barre Autoren gäbe, die sie erfüllten. Es vergeht kaum ein Interview, in dem nicht auf den Zusammenhang zwischen Herkunft und Gegenstand verwiesen und das Merkmal ostdeutsch von unterschiedlichen Instanzen an die Autoren und ihre Texte herangetragen wird.[1] Damit einhergehen soll die Fähigkeit, dem Rest des Landes den Osten und das Wahlverhalten seiner Bewohner für den Rest des Landes zu erklären.

In aller Regel handelt es sich bei der sogenannten «ostdeutschen Literatur» um autobiographische Texte oder solche, denen autobiographische Qualitäten zugesprochen werden, selbst dann, wenn sie ihre Autoren als Roman ausweisen. Sie thematisieren Transformations- im Zusammenhang mit Gewalterfahrungen. Ihre Protagonisten sind Kinder und Jugendliche. Oft hat man es mit Coming-of-Age-Geschichten zu tun, in denen irgendwo ein alter oder neuer Nazi vorkommt. Es handelt sich um Autoren, die sich aus ihrem Herkunftsmilieu befreit haben und unter der Voraussetzung ihrer Befreiung zu Sprechern werden. Die Anziehungskraft solcher Ähnlichkeiten ist so stark, dass gelegentlich die Autoren selbst den Überblick verlieren, was eigentlich von wem stammt, und Ines Geipel den Verdacht hegt, Anne Rabe habe bei ihr abgeschrieben. Einen solchen Befund geben die Übereinstimmungen sicher nicht her, aber sie sind doch ein Indiz für bestimmte Muster innerhalb der ostdeutschen Literatur.

Für solche Regelmäßigkeiten gibt es zwei mögliche Erklärungen. Die Autoren haben ein ähnliches Alter, eine ähnliche Herkunftsgeschichte, einen ähnlichen Gegenstand, teilen also einen gewissen Erfahrungsraum, der dann eben auch überlappende Muster der Texte hervorbringt. Eine weitere mögliche Deutung wäre, dass sich in der Nachwendegeschichte ostdeutscher Sprecher bestimmte Genreformen etabliert haben, denen diese Texte mehr oder weniger kalkuliert und reflektiert gehorchen. Eine gewisse Verwandtschaft resultiert also auch daraus, dass sich inzwischen ein eigenes Genre «ostdeutsche Literatur» ausgebildet hat. In einem solchen Genre verschiebt sich die Funktion des Gegenstandes. Er hat nicht oder nicht ausschließlich den Zweck, Wirklichkeit darzustellen, sondern in unterschiedlichen Graden auch die Aufgabe, die Konventionserwartung des Genres einzulösen.

Eine solche These spricht den Autoren ihre Erfahrung nicht einfach ab. Aber die Wirkungslogik von Texten ergibt sich nicht ohne weiteres aus dem, was die Autoren wollten und was sie erlebten, sondern auch aus den Rezeptionsbedingungen, denen ihre Texte unterliegen. Die werden im Fall dieser Literatur von einer auffallenden Asymmetrie geprägt.[2] Die großen überregionalen Meinungsmedien sind westdeutsche Medien, die von zum größten Teil westdeutschen Herausgebern, Redakteuren und Autoren geführt und gestaltet werden und die – das ist noch wichtiger – überwiegend in den alten Bundesländern Absatz finden. Ihr Hauptadressat ist die Mehrheitsgesellschaft West. Auch die akademischen und politischen Konsekrationsinstanzen sind bis heute westdeutsch geprägt. Die kommunikative Asymmetrie besteht folglich darin, dass der ostdeutsche Erfahrungsraum vor einem westdeutschen Erwartungshorizont artikuliert wird. Andere sprechen weniger subtil vom hegemonialen Diskurs (West) und medialer Subalternisierung (Ost).[3]

Wie immer wirken sich diese Rezeptionsbedingungen nicht nur auf die diskursive Selektion bestimmter Texte aus, sie schreiben sich auch in die Texte der Autoren ein, die ja nicht einfach aus dem Osten kommen, sondern aus der neuen Bundesrepublik und die unter den Bedingungen bundesdeutscher Öffentlichkeitsstrukturen literarisch sozialisiert wurden. Auch das ist eine ihrer Gemeinsamkeiten: Sie blenden die Bedingungen ihrer Rede aus, was wiederum eine zentrale Voraussetzung der Authentizitätsunterstellung ist, mit der sie verfasst und gelesen werden. Vor dem Erwartungshorizont West beglaubigen sich die Texte der Autoren aus dem Osten nicht, indem die Leser ihre Erfahrungen den Erfahrungen der Autoren gegenüberstellen, sondern indem sie sie mit den Vorstellungen abgleichen, die sie vom Osten haben und die ihrerseits auf einer Reihe von Texten und anderen medialen Darstellungen des Ostens beruhen.

Der Regisseur Thomas Wendrich hat erst kürzlich eine Episode aus der unmittelbaren Nachwendezeit in Erinnerung gerufen, die veranschaulicht, wie sich der Erwartungshorizont West auf die Erzählung vom Osten auswirkt. Als er kurz nach dem Zusammenbruch der DDR mit Freunden die Alpen überquerte, seien sie immer wieder Wanderern aus der Bundesrepublik begegnet, aufrichtig interessierte und großzügige Menschen, die sich nicht nur nach ihren DDR-Erfahrungen erkundigten, sondern auch mehr oder weniger große Geldgeschenke machten. Dabei hätte er beobachtet, dass die Höhe der Geschenke von der Dramatik der Erzählungen abhing. Geschichten von Gewalt, Verrat und Leid brachten mehr ein als Schilderungen einer relativ gewöhnlichen Jugend. Nach und nach stellten sich die jugendlichen Wanderer aus der DDR auf diesen Mechanismus ein: «So wurden wir in kurzer Zeit zu Profis im Erfinden drastischster Lebensgeschichten. Je schlimmer unsere Erlebnisse, je schrecklicher die Diktatur, je übler uns die DDR mitgespielt hatte, umso mehr brachte es uns ein.»[4] Hier wird mehr als nur eine partikulare Episode aus der Zeit der unmittelbaren Nachwende kolportiert. In der Anekdote kommt eine Korrelation von Erzählung und Rezeptionserwartung zum Vorschein, die prinzipieller Natur ist, wie der Fall Ines Geipels zeigt, die die Diktaturgeschichte und deren Auswirkungen auf ihre Biographie systematisch dramatisiert hat.[5] Die Ähnlichkeiten der Texte sind also nicht einfach als Überschneidung der Erfahrungsräume zu lesen. Sie bilden sich an der Schnittstelle von Text und Erwartungshorizont als Genre aus. Damit stellt sich die Frage nach den Regeln einer solchen Gattung.

Regeln der Autorisierung

Dass Charlotte Gneuss' *Gittersee* ein Ereignis war, hatte weniger mit der Geschichte über die jugendliche Stasi-Kollaborateurin zu tun als mit der Debatte, die der Roman nach sich zog. Der Verlag hatte das Manuskript an Ingo Schulze weitergegeben, der eine Liste mit historischen Fehlern an den Verlag schickte, die an die Jury des Buchpreises weitergereicht wurde, auf dessen Longlist Gneuss' Roman stand. Die Indiskretion wurde öffentlich, es entstand eine Diskussion darüber, ob man so vorgehen dürfe wie Schulze und ob man mehr als dreißig Jahre nach dem Ende der DDR an einen Roman über dieses Land tatsächlich noch die Frage richten könne, ob es denn eigentlich wirklich so gewesen sei. Die Kontroverse im Einzelnen zu bewerten, ist schwierig, weil die Liste über diesen Verbreitungszusammenhang hinaus nie gänzlich öffentlich geworden ist, aber vielleicht ist es auch gar nicht entscheidend. Wichtiger ist die diskursive Erwartungshaltung, die Anlass für die Monita gab: Erzählungen von der DDR verdichten sich erstens als Imagination in dem Maße, in dem der historische Rechtfertigungsdruck nachlässt. Das ist schon deshalb der Fall, weil es immer weniger Leser gibt, die ihre Leseerfahrung mit ihrer Lebenserfahrung abgleichen könnten, und immer mehr, die das auch nicht für nötig halten. Erzählungen von der DDR und ihren Folgen sind zweitens bestimmten Regeln ihrer Autorisierung unterworfen, die besagen, dass der Autor seine Erzählung biographisch zu verbürgen habe. Was diese Autorisierung angeht, stand Gneuss gleichsam auf der Kippe. Die Eltern kamen aus der DDR, waren aber schon vor dem Mauerfall in die BRD übergesiedelt, wo Gneuss dann auch aufwuchs. Die Literaturkritikerin Sandra Kegel brachte die Debatte auf den Punkt: «Darf sie das?»[6]

Die Frage stellte sich für Gneuss, weil man sie in allen anderen Fällen schon für beantwortet hielt. Ostdeutsche Literatur unterliegt (wie andere Literaturen auch, aber eben nicht alle) einer identitätspolitischen Autorisierungsregel, die besagt, dass, wer über den Osten schreiben möchte, dort auch herkommen sollte. Man sieht es daran, dass in der Berichterstattung über diese Autoren der Zusammenhang zwischen Herkunft und Gegenstand geradezu zwanghaft und teilweise gegen die Fakten hergestellt wird. Lukas Rietzschels rechtsextremer Bruder, seine Herkunft aus bildungsfernen Milieus, seine Ausbildung in der Fahnenfabrik Kamenz: «Das alles, sagt Rietzschel, habe er so nie gesagt.»[7] Wie so oft sind solche Fehlleistungen symptomatisch und daher die eigentlich interessanten Fälle, denn sie zeigen an, dass der Zusammenhang zwischen Herkunft und Gegenstand derart zwangsläufig besteht, dass ein Teil des Feuilletons gar nicht mehr auf den Gedanken kommt, den Romancharakter des Textes in Rechnung zu stellen oder eben die biographischen Informationen, die kursieren, zu überprüfen. Über die Gattungsbezeichnung «Roman» muss man sich allerdings auch deshalb nicht allzu viele Gedanken machen, weil sie von Autoren wie Daniel Schulz oder Anne Rabe selbst unterlaufen oder wenigstens nur mit einem schwachen Fiktionssignal versehen wird.

«Die neue Ost-Identität in der Literatur», die den vormaligen Ostbeauftragten der Bundesregierung Carsten Schneider «hoffnungsvoll» stimmt,[8] ist insofern nicht einfach eine Eigenschaft dieser Autoren, sondern eine Regel ihrer diskursiven Autorisierung, die sie sich dann zu eigen machen können – oder eben nicht. Frappierend ist, dass die Rezeption chronisch auf eine solche Identität spekuliert, und die Autoren ihr in dem Maße entgegenkommen, in dem sie ihre Texte für eine autobiographische Lektüre anbieten.

Die Kinder der DDR

Es habe sie, sagt die Literaturwissenschaftlerin Silke Horstkotte, gewundert, dass Lukas Rietzschels Roman *Mit der Faust in die Welt schlagen* vom Verlag nicht als Jugendbuch angekündigt worden sei.[9] Das war polemisch gemeint, insofern die Kritik an der sprachlichen und narrativen Schlichtheit des Romans in eine Genrezuweisung eingekleidet war. Aber der Eindruck kann sich natürlich auch auf die Jugend der Protagonisten und die jugendliche Perspektivierung des Romans berufen. Solche Momente kennzeichnen jedoch nicht allein Rietzschels Roman. Sie gelten vielmehr für vieles, was derzeit als «ostdeutsche Literatur» verhandelt wird: Gneuss, Rabe, Schulz, Müllensiefen, Bolz. Ein großer Teil dieser Geschichten sind Coming-of-Age-Geschichten. Ostdeutsche Literatur wird offenkundig nicht zuletzt als im weitesten Sinne jugendliterarisches Genre wahrgenommen. Das hat natürlich etwas mit dem Alter der Autoren zu tun, die, wenn überhaupt, nur noch als Kleinkinder mit der DDR in Berührung kamen und deren Pubertät mit der postsozialistischen Transformationsgeschichte zusammenfiel. In aller Regel ist es genau diese vorbewusste und später unbegriffene Erfahrung, über die sich die Texte Aufschluss zu geben versuchen. Der Terminus der Nachwendekinder zielt auf diesen Zusammenhang aus biologischem Alter, historischer Position und epistemischer Situation: Man lebt in ihr, begreift sie aber (noch) nicht.[10]

Insofern war schon die Gruppe der *Dritten Generation Ost* symptomatisch, die sich einerseits als perfekt assimilierte bundesrepublikanische Generation verstand, dabei aber andererseits auf ihrer ostdeutschen Identität beharrte. Da der Bildungsparcours, den sie in der Bundesrepublik absolvierten, diese Identität aber schon verschliffen hatte, war sie eigentlich nur noch im Rückgriff auf ihre Kindheit und Jugend herzustellen. Der Rückgriff war also zunächst einmal identitätspolitisch motiviert, bot aber darüber hinaus den Vorteil, die eigene Sprecherposition von den Erzählungen der Schuld in der Diktatur freizuhalten.[11] Diese Generation war eine unschuldige Generation.

Das betrifft die hier in Rede stehenden Texte in unterschiedlicher Weise. Rabe und Gneuss erzählen Kindheit und Jugend als beschädigte Unschuld. In Büchern wie denen von Bolz oder Rietzschel geht es um Kinder und Jugendliche, die Gewalt nicht nur erleiden, sondern auch ausüben. Aber diese Gewalt erwächst aus den Umständen, unter denen sie groß werden. Sie liegt nur sehr bedingt in ihrer Verantwortung. Rietzschel erzählt bis zu dem Punkt, an dem seine Protagonisten (straf-)mündig werden. Bolz beschließt die Jugend in blühenden Landschaften mit der Emanzipation aus den Milieus der Gewalt, in die er geraten war, weil er es nicht besser wusste.

Diese neuen literarischen Anleitungen zum Unschuldigsein sind als Reaktion auf die lange Zeit vorherrschende Wahrnehmung von DDR-Biographien im Schuldmodus nachvollziehbar, bergen aber auch ein Risiko. Man hegt diese Biographien nun in der symbolischen Unmündigkeit der Kinder und Jugendlichen ein, die ihrerseits die westdeutsche Wahrnehmung von Ostdeutschen lange prägte. Noch in der Beurteilung des Vereinigungsprozesses durch Jürgen Habermas schlägt die paternalistische Geste durch, die Freiheit aus didaktischen Gründen konzediert: Der Vereinigungsprozess habe den Ostdeutschen die Möglichkeit genommen, «eigene Fehler zu machen und daraus zu lernen».[12]

Einen Hinweis auf die systematische Verknüpfung von Osten und Kindheit hat schon vor Jahren der aus Zagreb stammende Philosoph Boris Buden gegeben. Buden fragt sich, wie sich der postkommunistische Osten aus der Perspektive des demokratisch-kapitalistischen Westens darstellt, wobei auch diese Frage nicht einfach von symmetrischen Beobachtungsverhältnissen ausgeht. Im Blick der einen manifestiert sich vielmehr das Bild der anderen. Aus der Perspektive ironischer Verfassungspatrioten im Westen geben die Menschen im Osten das Bild naiver Demokraten ab. In dieser Rolle des unschuldigen Naiven ist der Osten im Westen willkommen. Aus den Subjekten einer Revolution seien so Kinder geworden. Die Annahme historischer Notwendigkeit, mit der sich der vormals kommunistische Osten der kapitalistischen Demokratie des Westens angleiche, habe sie zu Unmündigen erklärt, die das für sie Neue einüben und verarbeiten müssten. Diese geschichtsphilosophische Entmündigung verbindet sich mit realen politischen Interessen und Machtkonstellationen, weshalb Buden von «repressiver Infantilisierung» spricht.[13]

Das Kind, so könnte man Budens Argumentation in Bezug auf die ostdeutsche Literatur weiterdenken, entspringt als literarische Figur also nicht einfach der altersspezifischen Erfahrung seines Autors, es hat eine symbolische Funktion. In ihm teilt sich die Erziehungsbedürftigkeit des Ostens, aber auch die Möglichkeit des Neuanfangs mit. Er muss sich bessern – das kann er aber auch, wie die Bücher von Rabe und Bolz zeigen möchten. «Das ‹Kind› ist im Postkommunismus eine Art ideologischer *ground zero* der Gesellschaft, auf dem sich jede Katastrophe, sowohl jene aus der Vergangenheit ererbte als auch eine neue, selbst erzeugte, wiedergutmachen lässt.»[14] Die Selbstermächtigung, die diesen Texten in letzter Zeit stellvertretend für Ostdeutschland attestiert wurde, ist also zweideutig. Indem die Texte ihre kindlichen und jugendlichen Erfahrungen zum Thema machen, schreiben sie den Osten in einer infantilen Position fest. Rietzschels Roman wird zusammen mit Unterrichtsmaterialien inzwischen auch vom Schulbuchverlag Klett verlegt.

Der Osten, eine kalkulierte Gewaltgeschichte

Die Debatte über die innerdeutschen Machtverhältnisse ist in den vergangenen zwei Jahren stark von Dirk Oschmanns Buch *Der Osten, eine westdeutsche Erfindung* bestimmt worden. Das Buch hat viel Zustimmung erfahren, aber auch heftigen Widerspruch provoziert. Zu undifferenziert, fand der Soziologe Steffen Mau, und der Literaturwissenschaftler Eckhard Schumacher pflichtete ihm bei. Differenzierter würden die Probleme des Ostens durch die Literatur der Nachwendekinder beschrieben, also von Rabe, Präkels, Bolz, Rietzschel oder Schulz. Hier bekäme man die «neuen Sichtweisen», die bei Oschmann fehlten, fanden beide.[15] Welche neuen Sichtweisen sind das?

Im Zentrum der Bücher steht die «Gewaltgeschichte» des Ostens, wenngleich in sehr unterschiedlicher Weise, als familiär tradierte Gewalt bei Rabe, als ausdrücklich rechte Gewalt bei Schulz, Präkels und Rietzschel und als Gewalt der sozial Deklassierten mal mit, mal ohne rechte Ideologisierung bei Bolz. Während Rabe die rechte und die familiäre Gewalt der Nachwendejahre eher zum Anlass nimmt, deren Vorgeschichte in der «Doppeldiktatur» zu erzählen, spielt die DDR-Vorgeschichte bei Bolz und Schulz keine Rolle, Rietzschel speist sie in kleinen Dosen als unbegriffene Vorgeschichte ein. Die Gewalt resultiert aus den sozialen Verwerfungen der Nachwende.

Wenigstens im Fall Anne Rabes verrät es auch etwas über den Sachverhalt, dass die ältere Autorin Ines Geipel vieles aus ihrem Buch *Umkämpfte Zone* in Rabes Roman wiederzuerkennen meinte. Tatsächlich sind die Ähnlichkeiten verblüffend. Sie erstrecken sich auf das normative Framing, das historische Material und einzelne Motive. DDR und NS werden in eine unmittelbare strukturelle Nähe zueinander gebracht. Der offizielle Antifaschismus der DDR wird geradezu in sein Gegenteil verkehrt und nun eher zur Fortsetzungsgeschichte des Faschismus. Geipel bemühte sich immerhin noch, das historiographisch abzusichern, Rabe behauptet ganz unverfroren, dass sich die Kommunisten in Buchenwald an der Ermordung jüdischer Häftlinge beteiligt hätten.[16] Die Gewalt im Osten nach 1989 inklusive Robert Steinhäusers Erfurter Amok, über den Geipel ein ganzes Buch geschrieben hatte, wird ausschließlich mit der Prägung durch die DDR erklärt – so sehr, dass bei Rabe gelegentlich der Eindruck entsteht, die postsozialistische Transformation habe weder auf sie noch auf ihre Eltern irgendeinen Einfluss gehabt.

Ein Verdacht drängt sich auf: Dass der Text der «lieben Frau Rabe» im Bundespräsidialamt auf so viel Gegenliebe stieß, hängt mit seiner diskursiven Redundanz wesentlich zusammen. Die Redundanz erfüllt einen Zweck. Indem man das Alte von einer jüngeren Autorin noch einmal erzählt bekommt, kann man sich in der Gewissheit wiegen, dass die Überzeugungen, die man schon immer hatte, auch heute noch die richtigen seien. Demnach sei rechte Gewalt ein exklusiv ostdeutsches Problem und im Wesentlichen auf die langfristige Diktaturprägung der Menschen aus der DDR zurückzuführen. Höchstens am Rande hänge sie auch mit Entmündigungs- und Depravationserfahrungen zusammen, die in den inzwischen fünfunddreißig Jahren nach dem Untergang der DDR gemacht wurden.

Dass topisch die rechte Nachwendegewalt an der Darstellung des Ostens klebt, ist ja nicht neu. In seinem Buch *Blühende Landschaften* von 2004 hatte der Journalist Peter Richter schon einmal für seine westdeutschen Leser den ostdeutschen Nazi gespielt: «Mein Name ist Peter Richter, ich bin dreißig

Jahre alt, und ja, ich habe fast alles von den Böhsen Onkelz», heißt es dort im ersten Satz. Das war damals als ironische Auseinandersetzung mit der Konstruktion des Ostdeutschen aus einer westdeutschen Perspektive gemeint. Daniel Schulz verwendet dann 2022 wieder ganz unironisch ein Zitat von den Böhsen Onkelz als Titel seines Romans: *Wir waren wie Brüder*.

Im Namen ihrer Authentizität geben Bücher wie Hendrik Bolz' *Nullerjahre* vor, von dieser Vorgeschichte ihres Themas nichts zu wissen. Sie behaupten als Erfahrung, was längst Genre geworden ist, und verschaffen sich die Lizenz dazu durch die Perspektive ihrer jugendlichen Helden. Gewalt ist auch in diesem Buch nicht einfach die Erfahrung, sondern ein kalkuliertes Element seiner Gestaltung, das auf den Leser berechnet ist – so sehr, dass es sich von ihm auch dann nicht zu lösen vermag, als die Zeichen längst auf Läuterung stehen. Es wird einfach weiter geprügelt. Der Dreiklang Osten/Gewalt/Nazi hat sich zu einem literarisch erwartbaren Topos verdichtet. Er ist zum Element eines in Teilen ideologisch motivierten Genres geworden und kommt einer Erwartungshaltung entgegen, die oft weniger Aufklärung als Bestätigung sucht. Man kann nicht mehr so tun, als stünde die Gewalt allein deshalb im Text, weil es so war. Das wäre selbst dann falsch, wenn es wirklich so war.

Was folgt daraus? Die Frage betrifft die Rezeption und die Produktion dieser Bücher in unterschiedlicher Weise. Die Rezeption insofern, als sie die Leser darauf aufmerksam macht, dass sich die Ähnlichkeiten dieser Texte nicht einfach daraus ergeben, dass der Osten eben so ist, wie er da dargestellt wird, sondern auch daraus, dass «ostdeutsche Literatur» in den letzten Jahren die Regelmäßigkeiten eines ausgesprochen populären Genres ausgebildet hat. Die Produktion betrifft es insofern, als man sich Bücher wünschen würde, die im Bewusstsein für das Risiko geschrieben werden, dass ihr Gegenstand hinter den Usancen des Genres verschwinden könnte.

1 Frank Walter Steinmeier: 35 Jahre friedliche Revolution – 75 Jahre Grundgesetz, 21.4.2024; Gespräch mit Carsten Schneider, in: DLF, Zur Diskussion «Auf ewig ‹Ossis› und ‹Wessis›?», 24.5.2023; Steffen Mau: Ungleich vereint. Warum der Osten anders bleibt, Berlin 2024, S. 85 ff.; Eckhard Schumacher: Eskalation erzählen. Nachwendenarration als Gewaltgeschichte, in: Merkur 895 (Dezember 2023), S. 16–29.

2 Stephan Pabst: Post-Ost-Moderne. Poetik nach der DDR, Göttingen 2016, S. 393–410.

3 Raj Kollmorgen: Subalternisierung. Formen und Mechanismen der Missachtung Ostdeutscher nach der Wiedervereinigung, in: Diskurse der deutschen Einheit. Kritik und Alternativen, hg. von ders./Frank Thomas Koch/ Hans-Liudger Dienel, Wiesbaden 2011, S. 301–360.

4 Thomas Wendrich: Das Begrüßungsgeld, in: Neue Rundschau 134/4 (2024), S. 39–46, hier S. 41.

5 Uwe Karte: Doping und Dichtung. Das schwierige Erbe des DDR-Sports, MDR, 31.1.2023.

6 Sandra Kegel: Die Akte Gneuss, in: F.A.Z. vom 14.11.2024.

7 Celestine Hassenfratz: «Manchmal denke ich, ihr seid verrückt», in: nd vom 25.9.2018.

8 Wird der Osten unterdrückt?, in: Die Zeit vom 29.3.2023.

9 Hassenfratz: «Manchmal denke ich, ihr seid verrückt».

10 Johannes Nichelmann: Nachwendekinder. Die DDR, unsere Eltern und das große Schweigen, Berlin 2019.

11 Stephan Pabst: Diskursticket «Generation». Jana Hensel und die Dritte Generation Ost, in: Generationalität – Gesellschaft – Geschichte in den deutschsprachigen Literatur- und Mediensystemen nach 1945 bis zur Gegenwart, hg. von Norman Ächtler/Mike Porath, Berlin 2020, S. 323–340.

12 Claudia Czingon/Aletta Diefenbach/Victor Kempf: Moralischer Universalismus in Zeiten politischer Regression: Jürgen Habermas im Gespräch über die Gegenwart und sein Lebenswerk, in: Leviathan 48/1 (2020), S. 7–28, hier S. 15.

13 Boris Buden: Zone des Übergangs. Vom Ende des Postkommunismus, Frankfurt/M. 2009, S. 35.

14 Ebd., S. 49.

15 Schumacher: Eskalation erzählen, S. 18. Vgl. Mau: Ungleich vereint, S. 85.

16 Vgl. Rabe: Die Möglichkeit von Glück, S. 364.

Gunnar Dedio

Erinnerungen an die Schmorgurke

Um von der Schule nach Hause zu kommen, in die Ostsee-Allee im Rostocker Stadtteil Lütten Klein, trottete ich durch geometrisch exakt ausgerichtete Plattenbau-Klötzer. Bis heute verfolgt mich der Albtraum des kleinen Jungen, der versehentlich den falschen Eingang nimmt und verloren vor einer fremden Wohnung steht. In der Weihnachtszeit ging ich stets ein wenig schneller, in der Hoffnung, das alljährliche Paket aus dem Westen sei schon da. Wurde es geöffnet, duftete es nach der für uns verbotenen Welt, nach den leuchtenden Orangen mit dem kleinen Rauten-Aufkleber, den gerösteten Kaffeebohnen in der vergoldeten Tüte und der Schokolade, so groß wie der fröhliche Elefant auf ihrer Hülle. Alles war so schön verpackt. «Drüben» – was für ein Paradies musste das sein?

In der Lütten-Kleiner Kaufhalle quoll ein Berg grünfleckiger Apfelsinen aus einem Gitterrostkäfig. Den Früchten fehlte alles Paradiesische. Sie kamen aus Kuba, dem sozialistischen Bruderstaat. Havanna – das klang nach Palmen, exotischen Abenteuern und Freiheit. Offenbar glaubte die DDR-Allmacht ebenso wenig wie ich ihrem Getöne von Überlegenheit im Klassenkampf. Jedenfalls verlieh sie ausgerechnet Symbolen aus dem Lager des kapitalistischen Feindes den Status des Begehrenswerten. Neben dem Gemüsestand in der Kaufhalle war eines Tages eine Pyramide aus Ananas in Dosen aufgetürmt. Eine Konserve des süßen Traums «Mount Elephant» kostete 18,50 DDR-Mark. Die zentrale Konsumplanung erhob Dosen-Ananas zum erreichbaren Gipfel der Genüsse. Die importierte Konservenfrucht veredelte das DDR-Gericht «Steak au Four» zum luxuriösen «Steak Hawaii», krönte «Toast Hawaii» und «Geflügelsalat Hawaii». Ausgerechnet Hawaii, der Hotspot des Hedonismus, das Paradies des Klassenfeindes! Doch die real existierende Ananas in der Dose roch nach Blech, wie die Regenrohre auf der Plattenbau-Baustelle.

Das heißeste Versprechen, diesseits der Mauer, das für Ostmark zu kaufen war, verströmte der Goldbroiler. Das goldene Aroma dieses fetttropfenden Hühnchens entstieg einer West-Grillmaschine. Auch der Broiler entsprang dem Mangel, der sich seit dem Krieg nie ganz hatte abstellen lassen. Dieser Mangel war nie bedrohlich, er war nur nervend. Aus Angst vor Unruhen kaufte die Partei 1967 westliche Technik für Hühnchenröstung und erfand den subventionierten Broiler. Der Zugang des Volkes zum Brathuhn sollte die Fleischlücke verkleinern und die Gemüter beruhigen.

Rechts neben der Broilerbar war die Milchbar. Sie roch nach frisch geschlagener Sahne. Die Vorstellung ewig fließender Milch schien es den DDR-Mächtigen angetan zu haben. In den Kindergärten wurde sie täglich gekocht und warm verabreicht. Vor meinem Kindergarten malte ich mit Kreide auf den Asphalt ein Bild: «Salvador Allende gibt den Kindern in Chile Milch». Da hatte er sich vermutlich schon erschossen.

Auch Mangel lässt sich zelebrieren. Dafür stehen die immer etwas bitter duftenden Schmorgurken, die Zucchini des Ostens. Genügsam, wie sie waren, lagen sie verlässlich in der Gemüse-Ecke der Kaufhalle. Vielleicht war es diese bescheidene Grundhaltung, die sie zum Leibgericht der DDR prädestinierte. Die Gurke hatte sich im frühen Mittelalter unter dem altpolnischen Namen Ogurek nach Westen durchgeschlagen. Beim Nachbarn Polen hatte sie es bereits zum Nationalgericht «Mizeria» gebracht – einem Gurkensalat, der diesen vielsagenden Namen keineswegs verdient. Geschnitten und entkernt, gebraten im Fett des Tages, verschärft mit Senf oder Ketchup und dann geschmort im eigenen Saft, bewies die Schmorgurke eine große Versatilität. Ein Geschmack von Trotz und Anpassung.

Damals in der DDR ist bald vier Jahrzehnte her. Manche Gerüche und Geschmäcke aus meiner Kindheit erzeugen Sehnsucht nach einer Geborgenheit, die es nie gegeben hat. Heute beginnt mein Morgen mit einer rosa Kanne duftenden Kaffees und einem Stück belgischer Orangenschokolade.

Volodymyr Ryzhkovskyi

100 Jahre Universum

Die sowjetische Ukraine im Prisma einer Zeitschrift

Am 18. März 2025 feierte das Nationale Literaturmuseum der Ukraine das einhundertjährige Jubiläum der Literaturzeitschrift *Vsesvit* («Welt» oder «Universum» auf Ukrainisch). Durch ihre Übersetzungen ausländischer Literatur erlangte sie in den letzten Jahrzehnten der Sowjetherrschaft Kultstatus. Obwohl alles, was sowjetischer Provenienz ist, in der Ukraine heute nicht gerade hoch im Kurs steht, ähnelten die Gestaltung und der ritualisierte Ablauf der Festveranstaltung auffallend den öffentlichen Versammlungen im sowjetischen Stil. Eine aufwändige Mahagonitäfelung verzierte die Wände und unterstrich die Bedeutung des honorigen Ereignisses; ein zentraler Tisch mit sitzenden Amtsträgern dominierte den großen Saal; das Rampenlicht war für die Ehrengäste reserviert, in deren Reden der vertraute Ton feierlicher Loyalitätsbekundungen erklang, gespickt mit Appellen für mehr staatliche Förderung. Diesmal galten die offiziellen Gelöbnisse jedoch der «europäischen Identität der Ukraine – der Tatsache, dass die Ukrainer schon immer zu Europa gehörten». In diesem Zusammenhang wurde die Zeitschrift dafür gepriesen, dass sie lange Zeit diese Identität durch ihre sorgfältige Arbeit wachgehalten habe: «*Vsesvit* war ein Hauch frischer Luft in der UdSSR, unser intellektueller Schutzschild und Wächter.» Dass *Vsesvit* bis ins 21. Jahrhundert überleben sollte, schien ziemlich unwahrscheinlich, stellt jedoch eine Verbindung zu ihrer halb vergessenen Geschichte und einer Welt dar, die im Verschwinden begriffen ist und von *Vsesvit* repräsentiert wird – der sowjetischen Ukraine.

Montage

Für den heutigen Leser mögen die Seiten der ersten Jahrgänge der Zeitschrift (1925–1934) unzusammenhängend verpuzzelt, ja sogar chaotisch wirken: Experimentelle literarische Texte stehen neben Rechenschaftsberichten über die Modernisierung der Industrie, Siege gegen die Rückständigkeit werden gefeiert, Betrachtungen über den weltweiten Aufstieg des Faschismus, Kulturreportagen über ferne antikoloniale Kämpfe finden sich neben Porträts aus dem redaktionellen Binnenleben der Zeitschrift. Diese Heterogenität, die an Montage erinnert, dürfte kaum zufällig sein. Die Montage – ein Kennzeichen der sowjetischen Bildkultur – war ein Mittel, um ein wenig gebildetes Publikum anzusprechen und gleichzeitig einen symbolischen Rahmen für die Imagination einer neuen, vernetzten Welt zu bieten. *Vsesvit* übernahm die Montage daher nicht nur als Technik, sondern als Blickachse auf die Welt: als eine Methode, die Fragmente einer zerbrochenen alten Welt zu einem revolutionären Ganzen zusammenzufügen, aber auch den Sinn des Lebens für seine Blattmacher und ihr Publikum in jeder Ausgabe neu zu ordnen. Und das auf Ukrainisch, der Sprache eines enteigneten und beinahe als inexistent geltenden Volkes, das war an sich schon ein starkes Statement – ein Abschied von der alten Welt.

Tatsächlich war die 1925 gegründete Zeitschrift *Vsesvit* ein Echo des gewaltsamen Zusammenbruchs der Weltordnung nach dem Ersten Weltkrieg. Die ukrainischen Intellektuellen, die maßgeblich an der Gründung der Zeitschrift beteiligt waren, darunter der Dichter Vasyl Ellan-Blakytnyi, der Schriftsteller Mykola Khvylevyi und der Maler und später berühmte Regisseur Oleksandr Dovzhenko, hatten sowohl den Krieg als auch den darauffolgenden Bürgerkrieg selbst erfahren. Nachdem sie im Bürgerkrieg mehrfach die Seiten gewechselt hatten, schlossen sich die meisten von ihnen den Bolschewiki an – der radikalsten und letztlich siegreichen Gruppe. Den Bolschewiki gelang es, die weit verbreitete Unzufriedenheit mit der Weltordnung zu instrumentalisieren und in ein antikapitalistisches politisches Programm zu kanalisieren, das vage und ehrgeizig genug war, um sogar auf ihre Gegner anziehend zu wirken. An den Rändern des zusammengebrochenen Russischen Reiches brachte die eigentümliche Mischung bolschewistischer Versprechungen – die sowohl soziale als auch nationale Befreiung im Kontext einer Weltrevolution in Aussicht stellten – viele lokale Intellektuelle dazu, eine hybride Idee zu begrüßen: ein staatlich gefördertes Nation-Building-Projekt als Abkürzung zum weltweiten Sieg des Kommunismus. Wie bei christlichen Missionaren, die in der Volkssprache predigten, hielt man den Gebrauch der ukrainischen Sprache für die wirksamste populistische Strategie zur Formung der Massen. In diesem Kontext stellte *Vsesvit* den Kulminationspunkt jahrelanger Propaganda- und Bildungsbemühungen dar – Alphabetisierungskampagnen, Hygieneaufklärung, kulturelle Infrastrukturprojekte –, die alle ein neues revolutionäres Subjekt schaffen wollten, das sowohl universell als auch ukrainisch war.

Im Zentrum des neuen Universums stand Charkiw, nun neue Hauptstadt und neue sowjetische Stadt, die in der Bildpropaganda zum Muster einer urbanen Zukunft der Ukraine im Zeichen der Moderne umgebaut wurde. Auf den Seiten von *Vsesvit* entwarf die Stadt Charkiw und ihre Kulturelite auch ein Selbstbild, das von der globalen Reichweite der Ukraine zeugen sollte: Hier eilte die Ukraine entweder der zerfallenden bürgerlichen Kultur des Westens zu Hilfe oder reichte den unterdrückten Nationen des Ostens die Hand. Ganz von der Hand zu weisen waren diese Behauptungen nicht. In den 1920er Jahren engagierte sich die Ukrainische Sozialistische Sowjetrepublik im Rahmen des föderalistischen Projekts der UdSSR häufig in der Kultur- und Wissenschaftsdiplomatie auf der ganzen Welt – von Prag über Teheran bis Istanbul.

Die universalistischen Ambitionen und die kreative Energie, die *Vsesvit* in den 1920er Jahren verkörperte, wurden letztlich durch das Scheitern der Weltrevolution und den Aufstieg des Faschismus untergraben – ein wiederkehrendes Thema in der Zeitschrift. Anstelle einer weltweiten revolutionären Föderation zerbrach die Welt zwischen faschistischen Regimes und dem stalinistischen «Sozialismus in einem Land». Der Traum von einem polyzentrischen System wurde vom zentralisierten Autoritarismus einer Staatspartei geschluckt. *Vsesvit* selbst, ein staatlich finanziertes Unternehmen mit Sitz in einer prächtigen Residenz in Charkiw, stand unter strenger Überwachung. Ihre Vision einer kulturellen Emanzipation kollidierte mit einem zunehmend konformistischen und paranoiden Regime. Anfang der 1930er Jahre wurden ihre internationalen Kontakte über Moskau gesteuert, und die ukrainische Kultur wurde gezwungen, die imperiale Grandezza des Zentrums durch eine Kultur der eigenen subalternen Provinzialität genügsam zu spiegeln. Stalin betrachtete die Ukraine als unzuverlässige, subversive Grenze – sie wurde beschuldigt, Agenten des Faschismus Unterschlupf zu gewähren und den Sozialismus zu untergraben. Die Folgen kamen schnell und waren brutal: Fast vier Millionen Menschen starben im Holodomor, während viele Mitwirkende aus den Anfangszeiten von *Vsesvit* hingerichtet oder in den Selbstmord getrieben wurden. 1934 wurde die Zeitschrift eingestellt und die Hauptstadt nach Kyjiw verlegt.

Die Brutalität, mit der Stalin das kulturelle und politische Leben der Ukraine zerschlug, war sowohl in ihrem Ausmaß als auch in ihrer Intensität erschütternd. Doch selbst auf dem Höhepunkt des Terrors und der Unterdrückung wurde die Sprache der kulturellen Vielfalt, der kreativen Individualität und sogar eines fernen Echos politischer Demokratie von der offiziellen Rhetorik nie ganz aufgegeben. So verzerrt und instrumentalisiert diese Ideale auch waren, blieben sie doch der ideologischen Grammatik des Staates eingeschrieben. Das war das dauerhafte Paradox des sowjetischen Lebens: Seine Proklamationen von weltumspannender Gerechtigkeit und Gleichheit gingen Hand in Hand mit rabiater autoritärer Kontrolle. Und genau dieses Paradoxon machte das System ideologisch instabil und schutzlos gegenüber dem Einklagen seiner eigenen Versprechen. Nach Stalins Tod begannen diese begrabenen Ideale wieder, sich Gehör zu verschaffen. Dass *Vsesvit* in diesem Moment (1958) erneut in Erscheinung trat, war kein Zufall – sie signalisierte die Rückkehr eines unterdrückten Traums, plötzlich konnte man einen anderen Horizont sehen, der im Schatten der Sowjetmacht überlebt hatte.

Fragmentierung

Es ist keine Überraschung, dass die zweite Erscheinungsreihe von *Vsesvit* (1958–1991) – die Zeitschrift wurde ein Jahr nach dem Start des Sputniks in Kyjiw wieder neu aufgelegt – den ikonischen Satelliten auf das Titelblatt der ersten Ausgabe setzte. Zu einer Zeit, da die globale Kolonialordnung zusammenbrach und die Wissenschaft in der Sowjetunion monumentale Erfolge feierte, sah sich selbst die konservative sowjetische Führung genötigt, die frühere internationalistische Rhetorik wiederzubeleben. Als ukrainische Zeitschrift, die sich der friedlichen Koexistenz und dem weltweiten Dialog durch Übersetzung verschrieben hatte, sollte *Vsesvit* die vermeintlichen Erfolge der sowjetischen Nationalitätenpolitik präsentieren, den Narrativen der nationalen Unterdrückung aus der ukrainischen Diaspora etwas entgegensetzen und als Modell für die nationale Blüte des globalen Südens dienen, der im Begriff war, sich von der Kolonialherrschaft zu befreien.

Mehr als ein kulturelles Artefakt war die wiederbelebte *Vsesvit* Teil einer ausgeklügelten institutionellen Fassade, mit der die Souveränität der Ukraine inszeniert wurde, was besonders wichtig war – angesichts des aufgewerteten internationalen Status der sowjetischen Ukraine nach dem Zweiten Weltkrieg und der Tatsache, dass die sowjetische Ukraine Gründungsmitglied der Vereinten Nationen war. Solche performativen Gesten hatten reale Auswirkungen, ungeachtet der wahren Absichten, die hinter ihnen standen. Trotz der zunehmenden Zentralisierung der sowjetischen Kulturdiplomatie in Moskau stellte der inszenierte Internationalismus von *Vsesvit* die Unterordnung unter die Zentralgewalt dadurch subtil in Frage, dass er ukrainische Stimmen in globalen Foren positionierte, wo Entkolonialisierungsbestrebungen diskutiert wurden. Auf den Seiten von *Vsesvit* wurde die sowjetische Ukraine als Teil eines weltweiten sozialistischen Netzwerks dargestellt, das Ozeane und Kontinente überspannte und in dem die Ukraine im gemeinsamen Kampf für eine bessere Welt eine zentrale Position einnahm. Ihre Leserinnen, Leser sowie Autorinnen und Autoren – insbesondere die Generation der Sechziger *(shestydesiatnyky)* – waren Überlebende des Krieges und Nutznießer sowjetischer Kultur- und Bildungsprogramme. Viele von ihnen nahmen die internationalistische und egalitäre Rhetorik des Regimes ernst. Sie begrüßten die Kritik der Zeitschrift am westlichen Imperialismus und Kolonialismus, begannen aber auch, ebenjene analytischen Instrumente nach innen zu richten. 1965 wurde diese Verschiebung in einem Aufsatz mit dem Titel «Internationalismus oder Russifizierung» von Ivan Dziuba sichtbar, einem Stammautor der Zeitschrift und jungen Literaturkritiker. Darin verurteilte er die schleichende Russifizierung der Ukraine als Verrat an den leninistischen Idealen und hob den Widerspruch zwischen der Rhetorik der kulturellen Gleichheit und der gelebten Erfahrung kultureller Diskriminierung hervor. Als sich die Kluft zwischen den ideologischen Versprechungen der Sowjets und der politischen Realität vertiefte, wurde das Vertrauen der Sechziger in die antiimperialistische Haltung der UdSSR noch mehr erschüttert – insbesondere nach der Niederschlagung des Prager Frühlings 1968. Die Verfolgung von Idealisten, die zu Dissidenten geworden waren, untergrub das wenige, was an Glaubwürdigkeit noch übriggeblieben war.

In den 1970er und 1980er Jahren versteinerte die offizielle Ideologie. Das System war zu radikalen Schritten – weder zu weiterer Regression noch zu liberalen Öffnungen – unfähig und klammerte sich an seine überkommenen Strukturen. Ausländische Delegationen kamen weiterhin zu Besuch, internationale Freundschaft wurde unablässig gefeiert, die Rhetorik des antikolonialen Kampfes und des Antikapitalismus blieb intakt – wenn auch zunehmend Phraseologie für das Publikum.

Paradoxerweise kam *Vsesvit* auf diesem spätsowjetischen Marktplatz der Ideen zu neuer Blüte. Die globalen Ambitionen der Zeitschrift, ihre umfangreichen Übersetzungsbemühungen und ihre redaktionelle Infrastruktur ermöglichten es ihr, sich über Wasser zu halten. Sie schuf sich ihre eigene Nische und bot gelegentlich ukrainische Übersetzungen eindrucksvoller Literatur, die auf Russisch nicht erhältlich war – zum Beispiel Mario Puzos Roman *Der Pate*, der schnell zu einem begehrten Gut in der gesamten UdSSR wurde. Trotz der groß angelegten und staatlich geförderten Russifizierung der ukrainischen Bauern, die sich zu sowjetischen Stadtbewohnern und Intellektuellen wandeln sollten, zeigte der Erfolg von *Vsesvit* bei der Bewahrung des ukrainischen Profils, dass hier eine kulturelle Dynamik am Werk war, die sich nicht einfach in der Dichotomie «national vs. imperial» erschöpfte. Vielmehr spiegelte sie eine zunehmende Fragmentierung des einst einheitlichen revolutionären Ideals wider. Diese Fragmentierung markierte die Krise der sowjetischen Hegemoniediskurse. Die imaginären Loyalitäten der Leserschaft von *Vsesvit* reichten weit über die Grenzen der Sowjetunion hinaus: von latenten nationalistischen Sehnsüchten bis zur Bewunderung alter Zivilisationen, vom Interesse an Außerirdischen und UFOs bis zum sowjetischen New-Age-Mystizismus. Die Zeitschrift vermittelte eine komplexe Konstellation von Identitäten und utopischen Sehnsüchten.

Leonid Kutschma, in den 1970er Jahren Direktor eines Raketenkonstruktionsbüros in Dnipropetrowsk und späterer Präsident der Ukraine, erzählte gerne die Geschichte eines Kollegen aus Nowosibirsk, der bei seiner Ankunft in Dnipropetrowsk eine Wohnung voller alter Ausgaben von *Vsesvit* vorfand. Einige Jahre später gestand der Mann, dass er Literatur mittlerweile lieber auf Ukrainisch als auf Russisch lese. Eine kleine Anekdote, aber bezeichnend für die kulturelle Soft Power von *Vsesvit*. Trotz materieller Entbehrungen drehte sich dieses Universum für das sowjetisch erzogene Publikum um Beschäftigungen, die von einem Staat ermöglicht wurden, der sich ideologisch dazu verpflichtet hatte, die kulturellen Bedürfnisse seiner Bürger zu befriedigen. Innerhalb dieses Rahmens war das Leben durch das Versprechen von Beständigkeit verankert: ein System, das für alle Ewigkeit gebaut war. Und dann war es urplötzlich vorbei.

Privatisierung

Am historischen Wendepunkt zu Beginn der 1990er Jahre träumte auch *Vsesvit* von ihrer Neuerfindung – nicht nur als Dekor im sowjetischen Schaufenster für kuratierte Vielfalt, sondern als Vorreiterin eines nationalen Revivals, als kulturelle Botschafterin auf dem Weg zu den «zivilisierten Nationen». Auf ihren Seiten spürte man die Bestrebung, die bisherige Funktion der Zeitschrift zu überbieten und nicht nur die symbolische Grenze zur Unabhängigkeit, sondern auch buchstäblich die Schwelle von 100 000 gedruckten Exemplaren zu überschreiten – ein Beleg für die imaginäre Leserschaft und nationale Bedeutung. Doch das vorschnell ausgerufene Ende der Geschichte ging in der Ukraine nicht mit einem Triumph, sondern mit einer verstärkten Fragmentierung einher. Die ausgemusterten universalistischen Mantras der Sowjetunion von Gleichheit und Gerechtigkeit wurden durch die zersplitterte Transfergrammatik des «Übergangs» ersetzt. Der antikoloniale Eifer, der einst die sowjetische Rhetorik trug, verpuffte und wurde durch die neuen Versprechen auf freie Märkte und liberale Demokratie ersetzt – Worte und neue Ideale, die sich als ebenso geisterhaft erwiesen wie diejenigen, die sie ersetzen sollten.

Wie in der späten Sowjetzeit klangen die Fortschrittsdeklarationen hohl. Der Weg der Ukraine in Richtung Westen geriet zum Fegefeuer eines aufgeschobenen Werdens. In diesem Dazwischen wurde die Privatisierung zur Lingua franca des Überlebens – eine Ideologie, eine Praxis, eine Form der kollektiven Amnesie. Unter Präsident Kutschma wurden staatliche Vermögenswerte in stiller Raserei versteigert, und die Bürger standen Schlange, um Anspruch auf die Reste ihres Lebens – nun in Quadratmetern privatisierter Wohnungen gemessen – zu erheben. In ihrer dritten und letzten Phase wurde auch *Vsesvit* privatisiert – nicht als kapitalistische Erfolgsgeschichte, sondern als familiengeführtes Relikt, mehr Vermächtnis als Einnahmequelle. Anstatt einen Aufschwung zu erleben, brach die Auflage von *Vsesvit* um 90 Prozent ein, später sogar noch mehr. Die versprochene Renaissance wich einer vertrauten Dissonanz: Die Realität entlässt einmal mehr ihre Erklärer.

Für jeden, der auch nur oberflächlich mit der Geschichte dieser Zeitschrift im 21. Jahrhundert vertraut ist, könnte der Kontrast zwischen der hochfliegenden Rhetorik der eingangs erwähnten Feier zum einhundertjährigen Jubiläum im Jahr 2025 und der trostlosen Realexistenz ihrer heutigen Nische nicht größer sein. Tatsächlich war jedes neue Jubiläum im neuen Jahrhundert – 2005, 2015 – von Leitartikeln und Betrachtungen flankiert, die oft eher schon wie Nachrufe klangen. Abgesehen vom «natürlichen» Einbruch der Abonnentenzahlen und Verkäufe nach dem Zusammenbruch des Staatssozialismus 1991 wurde der Ruf der Zeitschrift wiederholt durch Skandale beschädigt, die gut in ihr postsowjetisches Umfeld passten. Diese reichen vom Krimi um einen Immobilienraub – *Vsesvit*, einst eine angesehene sowjetische Institution, besaß lukrative Liegenschaften im Stadtzentrum von Kyjiw, auf die Projektentwickler ein Auge geworfen hatten – bis hin zu wiederkehrenden Plagiatsstreitigkeiten um ihren letzten Chefredakteur.

Die vergangene Zukunft der sowjetischen Ukraine

Der Zerfall der sowjetischen Kulturkonstellation setzte sich fort, nun unter dem alten sozialistischen Fortschrittsmotto «Aufholen», wobei unklar blieb, wer hier nun eingeholt werden sollte und was es noch aufzuholen gab. Die Ukraine, ein Fegefeuer vor den Toren Europas, verschlungen von Revolutionen, Krisen und nun vom Krieg, lange Zeit von einem Verspätungsnarrativ ausgebremst, ist jetzt endlich wieder auf der geistigen Landkarte Europas aufgetaucht. Doch die Rückkehr war paradox: Im Zeichen der Entkommunisierung wurde die sowjetische Vergangenheit nun als Hauptsaboteur des ukrainischen Fortschritts umgedeutet. Ausgerechnet in dem Moment, als die Abrechnung mit der Sowjetunion Fuß fasste, begannen die Gewissheiten des Westens zu bröckeln. Die Zukunft, einst als ferner Horizont in Europa vorgestellt, flackerte nun in umgekehrter Richtung: Europa zögerte, die Ukraine drückte aufs Tempo. Die Grammatik der Geschichte selbst schien ins Wanken zu geraten. Holte die Ukraine Europa ein – oder holte Europa die Ukraine ein?

Die Zeugen der sowjetischen Vergangenheit der Ukraine, die in den letzten dreißig Jahren allmählich verfielen, werden jetzt auf dem Schlachtfeld des russisch-ukrainischen Krieges aktiv zerstört – diese Landschaften schwerer Materialität, voller Industriemonster und Plattenbaublocks, die heruntergekommenen Denkmäler für ideologische Hirngespinste und revolutionäre Helden, die eher immateriellen persönlichen und privaten Altlasten und, besonders tragisch, die alternde und fast verzichtbare Bevölkerung. Auch dies eine Ironie mit einer unheilvollen Allianz: Die Zerstörung dieser Welt ist das Einzige, worüber Opfer und Aggressor des aktuellen Krieges offen einer Meinung sind. Im Rahmen der Dekommunisierung gehört die Beseitigung der Überreste der sowjetischen Vergangenheit seit 2015 zur staatlichen Politik der Ukraine. Der russische Überfall hat diese Zerstörung unter dem Vorwand der «Entnazifizierung», in Putins dialektischer Darstellung gleichbedeutend mit «echter» Dekommunisierung, brutal verstärkt und zielt darauf ab, Lenins Komplott – eine unabhängige Ukraine zu schaffen und Russland seiner imperialen Pracht zu berauben – zunichtezumachen.

Wenn das historische Erbe der Ukraine lange Zeit von der Faszination des Westens für ein exotisches, expansives und vermeintlich «ewiges» Russland überschattet wurde, dann ist die sowjetische Vergangenheit der Ukraine doppelt marginalisiert – gefangen im Würgegriff von physischer Zerstörung und symbolischer Auslöschung. Doch inmitten dieser doppelten Vernichtung überlebt *Vsesvit*, wenn auch nur knapp, als fragile Spur einer Welt, die sich einer einfachen Kategorisierung entzieht. Im Laufe des turbulenten 20. Jahrhunderts starb die Zeitschrift mehr als einmal, und mehr als einmal wurde sie wiedergeboren; damit zeugt sie von der komplexen und oft widersprüchlichen Eigenheit der ukrainischen Erfahrung unter sowjetischer Herrschaft. Tatsächlich ist es unmöglich, diese Erfahrung sauber in entweder nationale oder imperiale Narrative einzuordnen. Eine solche Einordnung würde die Auslöschung ihrer Struktur bedeuten. Aber die fantasievollen, vielschichtigen und überraschend globalen Konstruktionen, die die Leser und Autoren von *Vsesvit* in der sowjetischen Ukraine schufen, sind weit mehr als ferne und lokal relevante Kuriositäten. Diese Welten sprechen – oft mit gebrochenen, unheimlichen Stimmen – mit den Dingen, die uns heute beschäftigen. Ihre eigentümliche Entwicklung, geprägt von utopischer Sehnsucht und politischem Scheitern gleichermaßen, spiegelt einen porösen Zustand unserer Welt, der zunehmend von Fragmentierung und Partikularisierung, Desillusionierung universaler Ideale und dem Zusammenbruch historischer Bedeutungen geprägt ist. Wenn wir heute über *Vsesvit* nachdenken, werfen wir durch ein ukrainisches Prisma einen Blick auf ein kaleidoskopisches Bild des 20. Jahrhunderts – gebrochen, widersprüchlich, voller Potenzial – und lesen den scharfen, analytischen Blick vom Rand her als Position, von der aus unsere eigene Bredouille verstehbar wird.

In dieser zeitlichen Verschiebung wird *Vsesvit* erneut zu einem Prisma – zerbrochen, aber es bricht das Licht noch. Ihre Reise, durchlöchert von utopischen Rückständen und desillusioniertem Pragmatismus, lässt mehr als nur das Schicksal einer einzelnen Zeitschrift erkennen. Sie erfasst eine Welt, die stoßweise zunichtegemacht und neu geschaffen wurde, ein Universum, das sich immer noch der endgültigen Festlegung widersetzt. Wie vor einem Jahrhundert bleibt die Ukraine eine Art historisches Laboratorium – nicht, weil sie den Fortschritt oder Niedergang verdeutlicht, sondern weil sie die ungleichmäßige Geschwindigkeit der Moderne selbst offenlegt. Die Zukunft bleibt opak. Aber wenn schon nichts anderes mehr, können wir vielleicht jetzt, einhundert Jahre später, die Ruinen klüger benennen.

Aus dem Englischen von Sophia Pick

Barbara Thériault

Weltmacht Dialekt

Ein letzter Lokalbericht

Das «Fernsehzimmer» ist ein Ort und ein Format zugleich – Studio, Talkshow eines Lokalsenders und Bar in einem. Es liegt im Zentrum einer mittelgebirgigen Kleinstadt, in einem Plattenbau im Alpenlook, an einer befahrenen Ringstraße. Eine Journalistin mit betonter Diktion und überklarer Aussprache – denkt sie, ich verstehe sie sonst nicht? – hat mich dorthin mitgenommen. Gemeinsam betreten wir das «Fernsehzimmer» und stehen vor einer Bühne mit zwei Sesseln. Zwei Spotlights, vier Kameras. Schwere, zugezogene Gardinen schaffen einen nach innen geschlossenen Raum, der dennoch nach außen offen ist: Unsere Livesendung wird auf Facebook und YouTube übertragen.

Das kleine Publikum sitzt im engen Halbdunkel an runden Tischen und wird mit Bier versorgt. Die etwa dreißig dunkelblau mit goldenen Punkten bezogenen Hotelstühle sind allesamt besetzt. Es ist ein treues Publikum. Es kommt fast jede Woche, immer montags. Welche Themen werden hier verhandelt? Der Kloß, die Bratwurst, das Bier, vor Wahlen auch Politik, Schlagermusik und ungewöhnliche Sportarten aus dem Westen wie Wrestling oder American Football.

Heute sind die regionalen Dialekte Thema. Der Moderator ist zugleich Journalist und Kabarettist, ein Rückkehrer. In buntes Hemd und Sportschuhe gekleidet, lacht er nervös. Er grüßt das Publikum und stellt den Gast vor: einen Filmemacher, der eine Dokumentation über Mundarten gedreht hat. Es gibt neun Sprachgebiete in dieser Gegend. Das Filmteam hat kleine Expeditionen dorthin unternommen, als wäre es auf Safari in Afrika zur Kolonialzeit. Neben Drohnenaufnahmen von Dörfern sind ältere Menschen zu sehen. Sie treffen sich in karierten Hemden in Gaststätten, um Gedichte und Sagen vorzulesen oder zu singen. Sie sind die Letzten, die noch Dialekt sprechen. Man versteht sie nicht, oder kaum. Ob sie auch unter sich so plaudern, wenn die Kamera ausgeschaltet ist?

Der Moderator schwitzt im Scheinwerferlicht; er ist leicht aus der Puste. Als schließlich das Saallicht hochgefahren wird, spricht er das Publikum direkt an. Frauen und Männer in einem Alter, in dem man nicht mehr so viel Schlaf braucht, jetzt im Scheinwerferlicht. Ob sie Dialekt können?, fragt der Moderator. Manche bejahen, manche schütteln den Kopf.

Nach einer Werbepause wird die Sendung fortgesetzt. Während weitere Filmausschnitte projiziert werden, erinnere ich mich an eine Begebenheit: Kurz vor den Pariser Olympischen Spielen hatte eine Journalistin eine Serienidee in die Redaktionskonferenz der Lokalzeitung eingebracht: Herausfinden, worin die Stadtbewohner Weltmeister sind? Eine kleine Mythografie der Stadt. Ich hatte sofort einen Einfall: Sie sind Weltmeister darin, das gleichermaßen bekräftigende wie fragende «ge» an jeglichen Satz anzuhängen. Als mich die Kollegen hinterfragen wollten, ertappten sie sich dabei, selber ständig «ge» zu sagen.

Als ich gedanklich wieder zur Talkshow zurückfinde, ist man gerade dabei, den Verlust des «Schatzes» zu beklagen, den die Dialekte im globalen Allerlei darstellen. Doch am Ende der Diskussion wird eine Mutmacher-Episode präsentiert: ein zweisprachiger Dorfkindergarten, in dem sowohl in Mundart als auch auf Hochdeutsch erzogen wird. In einem Einspieler sieht man Kinder beim Zubereiten von Klößen und Rotwurst sowie beim Singen in Mini-Trachten.

Die Sendung endet. Der Moderator und sein Gast trinken noch einen letzten Schluck, stehen auf und mischen sich unter das vertraute Publikum. Man verweilt noch einen Moment und stimmt in das Lamento über das Aussterben der Mundarten ein – in Hochdeutsch mit schönster regionaler Färbung. Das ist der neue Dialekt! So selbstverständlich, dass man ihn nicht einmal mehr wahrnimmt. Durch ihre ungewöhnlich betonte Diktion und klare Aussprache hätte mich die Kollegin, die mich ins «Fernsehzimmer» eingeladen hatte, schon hellhörig machen sollen.

Die Autorinnen und Autoren

ULRICH VON BÜLOW
geb. 1968, leitet die Handschriften-Abteilung im Deutschen Literaturarchiv Marbach. 2018 erschien *Papierarbeiter. Autoren und ihre Archive*.

DIETMAR DATH
geb. 1970, ist Autor und Redakteur der *Frankfurter Allgemeinen Zeitung*. 2025 erschien *Skyrmionen. Oder: A Fucking Army*.

GUNNAR DEDIO
geb, 1969, ist Filmproduzent. 2004 produzierte er die Dokuserie *Damals in der DDR*.

SEBASTIAN ELLER
geb. 1999, ist Wissenschaftlicher Mitarbeiter am Lehrstuhl für Bürgerliches Recht, Juristische Zeitgeschichte und Wirtschaftsrechtsgeschichte der Humboldt-Universität zu Berlin.

CLAUDIA C. GATZKA
ist Wissenschaftliche Mitarbeiterin am Historischen Seminar der Albert-Ludwigs-Universität Freiburg. 2025 erschien *Demokratie und Diktatur. Geschichte und Gegenwart einer Grenzziehung*.

THOMAS MEANEY
ist Chefredakteur des Magazins *Granta* und Redakteur der *New Left Review*. Seine Texte erschienen u.a. in *Harper's*, dem *New Yorker* und der *London Review of Books*.

CHRISTIAN NEUMEIER
geb. 1988, ist Wissenschaftlicher Mitarbeiter an der Juristischen Fakultät der Humboldt-Universität zu Berlin. 2022 erschien *Kompetenzen. Zur Entstehung des deutschen öffentlichen Rechts*.

STEPHAN PABST
geb. 1972, ist Professor für Neuere Literaturwissenschaft an der Martin-Luther-Universität Halle-Wittenberg. 2016 erschien *Post-Ost-Moderne. Poetik nach der DDR*.

PETER RICHTER
geb. 1973, ist Autor und Redakteur der *Süddeutschen Zeitung*. 2021 erschien sein Roman *August*.

VOLODYMR RYZHKOVKSYI
geb. 1985, ist Historiker. 2018 erschien *World history as revolution. Boris Porshnev and the experience of dialectical defeat*.

MARTIN SABROW
geb. 1954, ist Professor Emeritus für Neueste Geschichte und Zeitgeschichte an der Humboldt-Universität zu Berlin. 2016 erschien der erste Band seiner Honecker-Biographie *Das Leben davor. 1912–1945*.

CHRISTIAN SAEHRENDT
geb. 1968, ist Historiker und freier Autor. 2020 erschien *Kunst im Kreuzfeuer. documenta, Weimarer Republik, Pariser Salons: Moderne Kunst im Visier von Extremisten und Populisten*.

YANARA SCHMACKS
ist Wissenschaftliche Mitarbeiterin am Arbeitsbereich Neuere und Neueste Geschichte an der Universität Bremen. Im März 2025 wurde sie an der City University of New York mit einer Arbeit mit dem Titel *Reproductive Nation: Cold War Fantasies and German Unification* promoviert.

DANILO SCHOLZ
geb. 1984, ist Wissenschaftlicher Mitarbeiter am KWI Essen.

KAI SINA
geb. 1981, ist Professor für Neuere deutsche Literatur und Komparatistik an der Universität Münster. 2024 erschien *Was gut ist und was böse. Thomas Mann als politischer Aktivist*.

BARBARA THÉRIAULT
geb. 1972, ist Professorin für Soziologie an der Universität Montreal. 2024 erschien *Abenteuer einer linkshändigen Friseurin*.

SONIA VOSS
geb. 1978, ist Autorin und freiberufliche Kuratorin. 2025 erschien *Sibylle Bergemann. Das Denkmal* (Hg. zus. mit Frieda von Wild und Lily von Wild).